KB240500

해법 기초계산 C3

1 4주 완성의 계획적인 수학 학습!

2 시간 내 푸는 연습을 통한 실전 감각 향상!

3 다양한 구성의 문제로 사고력 향상!

선생님! 계산력이 왜 중요한가요?

수학 만점으로 가는 길은 계산력에서
시작한단다. 왜 중요한지 수학의 아버지
피타고라스 선생님에게 물어볼까?

계산력은 수학의 뿌리!
계산력 없이 수학은 생각할 수 없지.
수학은 계통성의 학문이라고 해.
역연산으로 인해 덧셈이 뺄셈의 기초가 되고,
곱셈이 확립되어야
나눗셈이 가능해지기 때문이지.
따라서 수학의 근간인 기초 계산력을
완벽하게 다져 주는 것이야말로
수학 만점으로 가는 첫걸음이지.

구성과 특징

개념 만화

만화를 통한 **원리 깨치기**

만화를 통한 계산 원리와 개념을
이해할 수 있습니다.

1단계

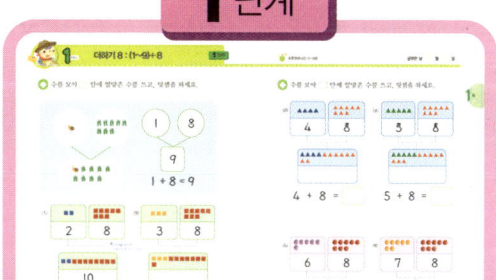

집중 연습으로 **계산력 다지기**

집중 연습 문제로 기초 계산력을
완벽하게 다질 수 있습니다.

2단계

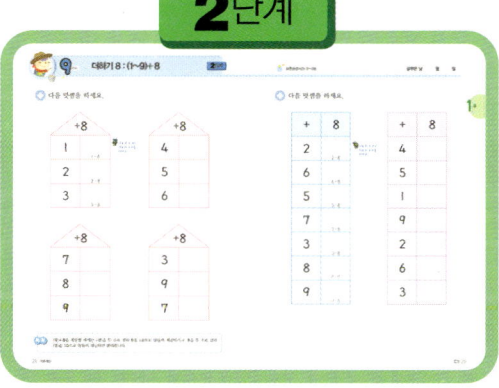

퍼즐형 문제로 **정확성 기르기**

흥미로운 퍼즐형 문제로 이루어져
집중력과 정확성까지 기를 수 있습니다.

3단계

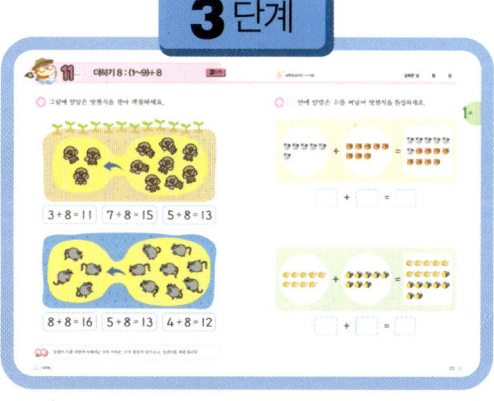

다양한 문제로 **사고력 키우기**

다양한 문제를 통해 수학적 사고력과
문제 해결력을 높일 수 있습니다.

내용 구성표

권	주	A단계 (5~7세)	B단계 (5~7세)	C단계 (5~7세)
1권	1	일대일 대응, 많다 · 적다	더하기 3 : (1~7)+3	빼기 5 : (1~20)-5
	2	1~5 수 익히기	더하기 3 : (1~17)+3	빼기 6 : (1~20)-6
	3	1~5 수 익히기	더하기 3 : (1~27)+3	빼기 4, 5, 6의 종합
	4	0, 6~10 수 익히기	더하기 1, 2, 3의 종합	더하기 · 빼기의 종합 ①
2권	1	0, 6~10 수 익히기	빼기 1 : (1~10)-1	더하기 · 빼기의 종합 ②
	2	1~10 종합	빼기 1 : (1~20)-1	더하기 7 : (1~9)+7
	3	수 가르기와 수 모으기(1, 2, 3, 4, 5)	빼기 2 : (1~10)-2	더하기 7 : (1~19)+7
	4	수 가르기와 수 모으기(6, 7, 8, 9, 10)	빼기 2 : (1~20)-2	더하기 7 : (1~23)+7
3권	1	11~20 수 익히기	빼기 3 : (1~10)-3	더하기 8 : (1~9)+8
	2	11~20 수 익히기	빼기 3 : (1~20)-3	더하기 8 : (1~22)+8
	3	1~20 종합	빼기 1, 2, 3의 종합	더하기 9 : (1~9)+9
	4	21~30 수 익히기	더하기 · 빼기의 관계 ①	더하기 9 : (1~21)+9
4권	1	31~40 수 익히기	더하기 · 빼기의 관계 ②	더하기 10 : (1~20)+10
	2	41~50 수 익히기	더하기 4 : (1~6)+4	더하기 7, 8, 9, 10의 종합
	3	1~50 종합	더하기 4 : (1~16)+4	더하기 1~10의 종합
	4	51~70 수 익히기	더하기 4 : (1~26)+4	빼기 7 : (1~20)-7
5권	1	71~100 수 익히기	더하기 5 : (1~9)+5	빼기 8 : (1~20)-8
	2	1~100 종합	더하기 5 : (1~15)+5	빼기 9 : (1~20)-9
	3	더하기 1 : (1~9)+1	더하기 5 : (1~25)+5	빼기 10 : (1~20)-10
	4	더하기 1 : (1~19)+1	더하기 6 : (1~9)+6	빼기 7, 8, 9, 10의 종합
6권	1	더하기 1 : (1~29)+1	더하기 6 : (1~14)+6	빼기 1~10의 종합
	2	더하기 2 : (1~8)+2	더하기 6 : (1~24)+6	더하기 · 빼기의 종합 ③
	3	더하기 2 : (1~18)+2	더하기 4, 5, 6의 종합	더하기 · 빼기의 종합 ④
	4	더하기 2 : (1~28)+2	빼기 4 : (1~20)-4	재미있는 더하기 · 빼기의 규칙

권	주	D단계 (초1)	E단계 (초2)	F단계 (초3)	G단계 (초4)
1권	1	더하기 1, 2, 3	받아올림이 있는 (두 자리 수)+(한 자리 수)	(세 자리 수)+(세 자리 수) ①	100, 1000, 10000, 몇백, 몇천 곱하기
	2	합이 5까지인 덧셈	받아내림이 있는 (두 자리 수)-(한 자리 수)	(세 자리 수)+(세 자리 수) ②	(세 자리 수)×(두 자리 수)
	3	합이 9까지인 덧셈	세 수의 덧셈	(세 자리 수)-(세 자리 수) ①	(네 자리 수)×(두 자리 수)
	4	받아올림이 없는 (한 자리 수)+(한 자리 수)	세 수의 뺄셈	(세 자리 수)-(세 자리 수) ②	(세 자리 수)×(세 자리 수)
2권	1	빼기 1, 2, 3	일의 자리에서 받아올림이 있는 (두 자리 수)+(두 자리 수)	2, 3, 4, 5의 단 곱셈구구를 이용한 나눗셈	(세 자리 수)÷(한 자리 수)
	2	5까지의 뺄셈	십의 자리에서 받아올림이 있는 (두 자리 수)+(두 자리 수)	6, 7, 8, 9의 단 곱셈구구를 이용한 나눗셈	(두·세 자리 수)÷(몇십)
	3	9까지의 뺄셈	일, 십의 자리에서 받아올림이 있는 (두 자리 수)+(두 자리 수)	곱셈구구를 이용한 나눗셈 ①	(두·세 자리 수)÷(두 자리 수)
	4	(한 자리 수)-(한 자리 수)	받아올림이 있는 (두 자리 수)+(두 자리 수)	곱셈구구를 이용한 나눗셈 ②	(세·네 자리 수)÷(두 자리 수)
3권	1	10이 되는 더하기	받아내림이 있는 (두 자리 수)-(두 자리 수) ①	(두 자리 수)×(한 자리 수) ①	덧셈과 뺄셈의 혼합 계산
	2	10에서 빼기	받아내림이 있는 (두 자리 수)-(두 자리 수) ②	(두 자리 수)×(한 자리 수) ②	곱셈과 나눗셈의 혼합 계산
	3	세 수의 계산 ①	세 수의 계산 ①	(두 자리 수)×(한 자리 수) ③	혼합 계산 1
	4	세 수의 계산 ②	세 수의 계산 ②	(두 자리 수)×(한 자리 수) ④	혼합 계산 2
4권	1	받아올림이 없는 (두 자리 수)+(한 자리 수)	2, 3, 4, 5의 단 곱셈구구	(네 자리 수)+(세 자리 수)	분수의 이해 1
	2	받아올림이 없는 (두 자리 수)+(두 자리 수)	6, 7, 8, 9의 단 곱셈구구	(네 자리 수)+(네 자리 수)	분수의 이해 2
	3	받아내림이 없는 (두 자리 수)-(한 자리 수)	곱셈구구 ①	(네 자리 수)-(세 자리 수)	분수의 이해 3
	4	받아내림이 없는 (두 자리 수)-(두 자리 수)	곱셈구구 ②	(네 자리 수)-(네 자리 수)	분수의 덧셈
5권	1	두 수의 합이 10이 되는 세 수의 덧셈	받아올림이 없는 (세 자리 수)+(세 자리 수)	(세 자리 수)×(한 자리 수)	분수의 덧셈
	2	(한 자리 수)+(한 자리 수) ①	일의 자리에서 받아올림이 있는 (세 자리 수)+(세 자리 수)	(한 자리 수)×(두 자리 수)	분수의 뺄셈 1
	3	(한 자리 수)+(한 자리 수) ②	십의 자리에서 받아올림이 있는 (세 자리 수)+(세 자리 수)	(두 자리 수)×(두 자리 수) ①	분수의 뺄셈 2
	4	(한 자리 수)+(한 자리 수)의 종합	일, 십의 자리에서 받아올림이 있는 (세 자리 수)+(세 자리 수)	(두 자리 수)×(두 자리 수) ②	세 분수의 덧셈과 뺄셈
6권	1	(십 몇)-(한 자리 수) ①	받아내림이 없는 (세 자리 수)-(세 자리 수)	(두 자리 수)÷(한 자리 수) ①	소수 한 자리 수의 덧셈
	2	(십 몇)-(한 자리 수) ②	십의 자리에서 받아내림이 있는 (세 자리 수)-(세 자리 수)	(두 자리 수)÷(한 자리 수) ②	소수 두·세 자리 수의 덧셈
	3	세 수의 덧셈	백의 자리에서 받아내림이 있는 (세 자리 수)-(세 자리 수)	(두 자리 수)÷(한 자리 수) ③	소수 한 자리 수의 뺄셈
	4	세 수의 뺄셈	십, 백의 자리에서 받아내림이 있는 (세 자리 수)-(세 자리 수)	(두 자리 수)÷(한 자리 수) ④	소수 두·세 자리 수의 뺄셈

Q&A 활용 가이드

Q 아이 수준을 몰라서 어느 단계의 교재를 선택하면 될지 모르겠어요.

A 한 페이지에서 틀린 문제가 6문제 이상이면 이전 단계의 교재부터 시작하세요.

Q 계산 실수를 자주 해요.

Q 시험 시간이 부족해요.

A 정해진 시간 안에 푸는 연습으로 실전 감각을 키우세요.

A 매일매일 공부하는 습관으로 정확성을 키우세요.

Q 공부 계획을 스스로 세우기 힘들어요.

A 스케줄표를 이용해 계획을 세워 2주, 4주 완성에 도전하세요.

4주 완성 스케줄표

활용 방법 매일 2장(2차시)씩 풀면 24일 만에 완성할 수 있습니다.

1주	1일	2일	3일	4일	5일	6일
확인	12~15쪽	16~19쪽	20~23쪽	24~27쪽	28~31쪽	32~35쪽

2주	7일	8일	9일	10일	11일	12일
확인	40~43쪽	44~47쪽	48~51쪽	52~55쪽	56~59쪽	60~63쪽

3주	13일	14일	15일	16일	17일	18일
확인	68~71쪽	72~75쪽	76~79쪽	80~83쪽	84~87쪽	88~91쪽

4주	19일	20일	21일	22일	23일	24일
확인	96~99쪽	100~103쪽	104~107쪽	108~111쪽	112~115쪽	116~119쪽

※ 매일 4장(4차시)씩 풀면 12일 만에 완성할 수 있습니다.

1주 더하기 8 : (1~9)+8

학습 체크표 매일 학습이 끝나면 채점을 하고 체크표를 작성하여 나의 실력을 알아보세요.

차시	단계	공부한 날	잘 했나요?
1차시		월 일	😊 🙂 😐 😣
2차시		월 일	😊 🙂 😐 😣
3차시		월 일	😊 🙂 😐 😣
4차시	1단계	월 일	😊 🙂 😐 😣
5차시		월 일	😊 🙂 😐 😣
6차시		월 일	😊 🙂 😐 😣
7차시		월 일	😊 🙂 😐 😣
8차시		월 일	😊 🙂 😐 😣
9차시	2단계	월 일	😊 🙂 😐 😣
10차시		월 일	😊 🙂 😐 😣
11차시	3단계	월 일	😊 🙂 😐 😣
12차시		월 일	😊 🙂 😐 😣

틀린 개수가

0~1 개이면 😊 (아주 잘함)에, 2~3 개이면 🙂 (잘함)에,

4~5 개이면 😐 (보통)에, 6 개 이상이면 😣 (노력 바람)에 색칠해 주세요.

만화로 개념 알아보기

1주

소풍이다~
신 난다~

다 왔다.
세어 볼까?

우리 부부 2명에
아이들 8명을 더하면
모두 10명이어야 해.

엄마!
제가
세어 볼까요?

하나, 둘, 셋, …… 여덟,
아홉, 어? 모두 9명이네?
엄마! 2+8=10이 아니라
9인가 봐요.

C3 **9**

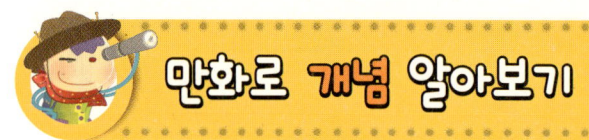

💠 수를 모아 ☐ 안에 알맞은 수를 쓰고, 덧셈을 하세요.

$1 + 8 = 9$

(1)

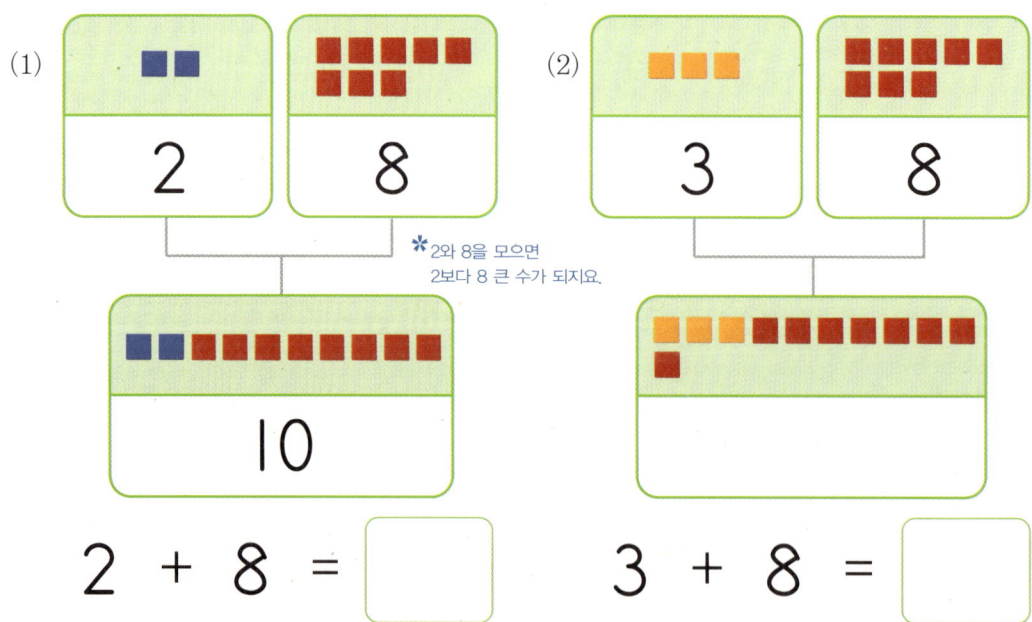

*2와 8을 모으면
2보다 8 큰 수가 되지요.

$2 + 8 = \boxed{}$

(2)

$3 + 8 = \boxed{}$

 구체물이 각각 몇 개씩 있는지 세어 보게 한 후 수를 모으면 모두 몇 개가 되는지 알아봅니다.

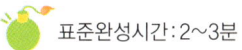

수를 모아 ☐ 안에 알맞은 수를 쓰고, 덧셈을 하세요.

1주

(3)
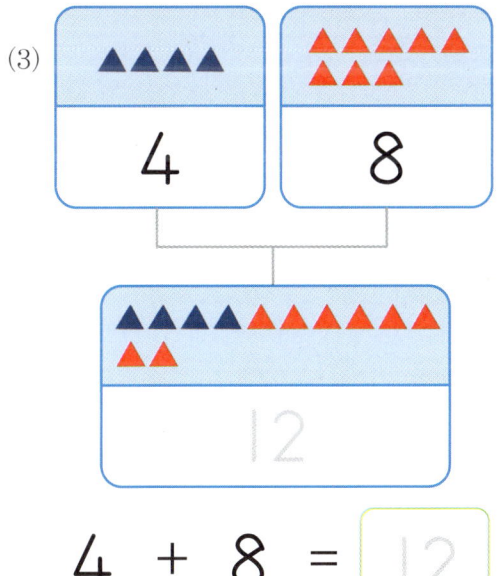

$$4 + 8 = \boxed{12}$$

(4)
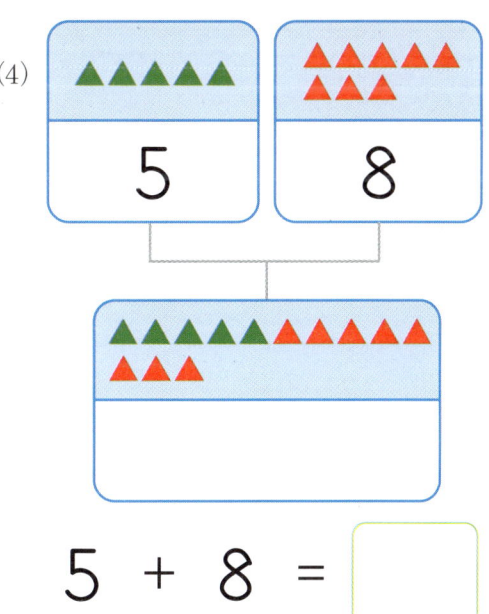

$$5 + 8 = \boxed{}$$

(5)
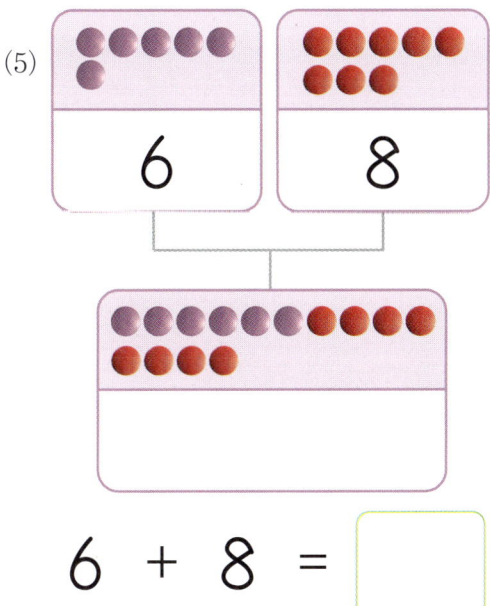

$$6 + 8 = \boxed{}$$

(6)
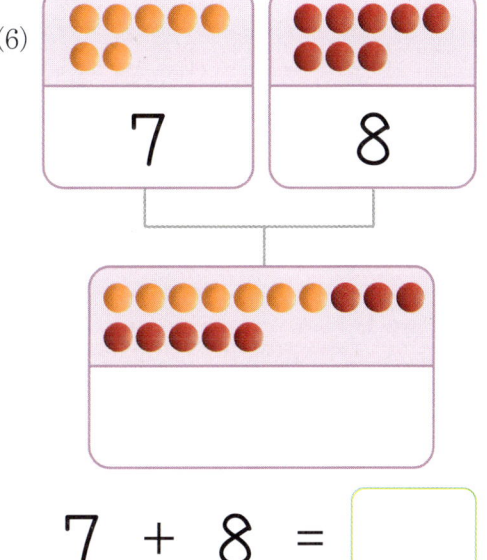

$$7 + 8 = \boxed{}$$

✚ 다음 덧셈을 하세요.

(1) 1 + 8 = ☐
일 더하기 팔 은

✱ 1과 8을 더하면 9가 되요.
1+8=9라고 쓰고, '일 더하기
팔은 구와 같습니다.' 라고 읽어요.

(2) 2 + 8 = ☐
이 더하기 팔 은

(3) 3 + 8 = ☐
삼 더하기 팔 은

(4) 4 + 8 = ☐
사 더하기 팔 은

(5) 5 + 8 = ☐
오 더하기 팔 은

 꼭꼭 어떤 수에 더하기 8을 하는 것은 수가 8씩 커지는 것을 의미합니다. 블록의 개수를 세면서 더하기 8을 충분히 연습합니다.

○ 다음 덧셈을 하세요.

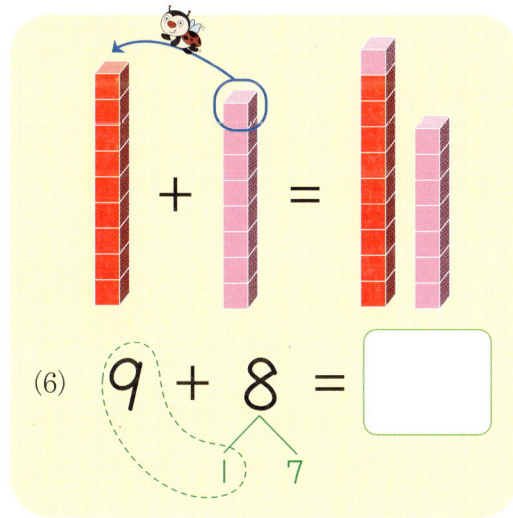

(6) $9 + 8 = \boxed{}$
  1 7

(7) $8 + 8 = \boxed{}$
  2 6

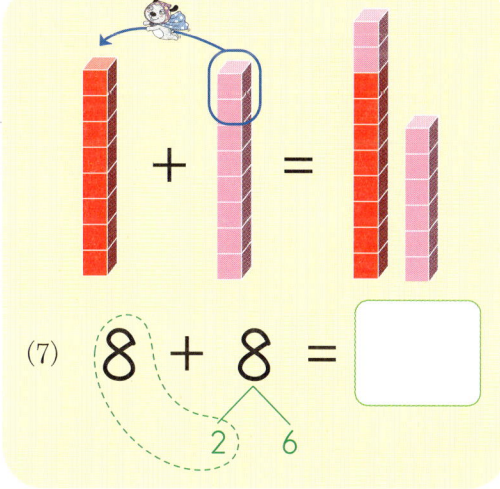

(8) $7 + 8 = \boxed{}$
  3 5

(9) $6 + 8 = \boxed{}$
  4 4

(10) $5 + 8 = \boxed{}$
  5 3

(11) $4 + 8 = \boxed{}$
  6 2

(12) $3 + 8 = \boxed{}$
  7 1

(13) $2 + 8 = \boxed{}$

(14) $1 + 8 = \boxed{}$

(15) $9 + 8 = \boxed{}$

(16) $8 + 8 = \boxed{}$

(17) $7 + 8 = \boxed{}$

다음 덧셈을 하세요.

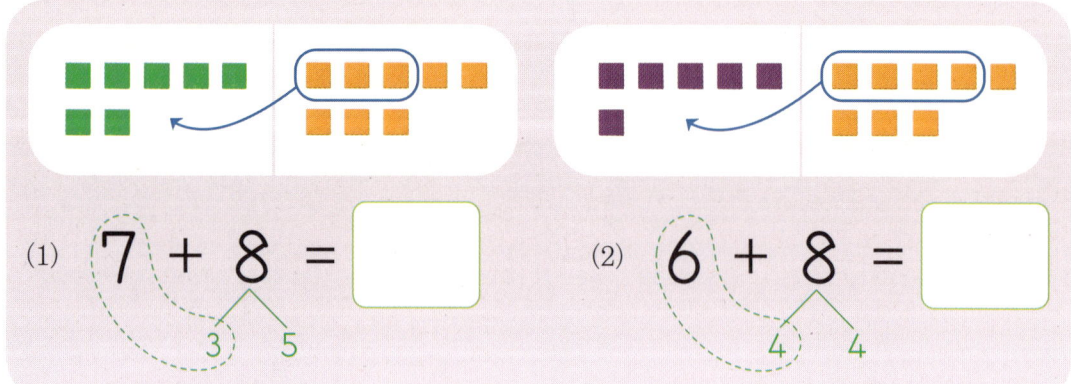

(1) $7 + 8 =$ ☐   (2) $6 + 8 =$ ☐

       3   5   4   4

(3) $9 + 8 =$ ☐   (4) $8 + 8 =$ ☐

(5) $5 + 8 =$ ☐   (6) $4 + 8 =$ ☐

(7) $3 + 8 =$ ☐   (8) $7 + 8 =$ ☐

(9) $2 + 8 =$ ☐   (10) $1 + 8 =$ ☐

(11) $4 + 8 =$ ☐   (12) $5 + 8 =$ ☐

 다음 덧셈을 하세요.

1주

(13) 2 + 8 =

(14) 3 + 8 =

(15) 7 + 8 =

(16) 6 + 8 =

(17) 1 + 8 =

(18) 8 + 8 =

(19) 3 + 8 =

(20) 9 + 8 =

(21) 4 + 8 =

(22) 7 + 8 =

(23) 2 + 8 =

(24) 5 + 8 =

(25) 1 + 8 =

(26) 3 + 8 =

(27) 9 + 8 =

(28) 4 + 8 =

다음 덧셈을 하세요.

(1) 3 + 8 = ☐
   1   2

(2) 4 + 8 = ☐
   2   2

(3) 5 + 8 = ☐
   3   2

(4) 6 + 8 = ☐
   4   2

(5) 7 + 8 = ☐
   5   2

(6) 8 + 8 = ☐
   6   2

(7) 9 + 8 = ☐
   7   2

(8) 5 + 8 = ☐

(9) 6 + 8 = ☐

(10) 7 + 8 = ☐

(11) 4 + 8 = ☐

(12) 3 + 8 = ☐

 꼭꼭 어떤 수에 8을 더할 때 어떤 수를 두 수로 갈라 더하는 수 8이 10이 되게 만들어 봅니다. 예를 들어 3+8에서 3을 1과 2로 갈라, 2를 8에 더하면 10이 되고 여기에 1을 더하여 11이 되게 합니다.

다음 덧셈을 하세요.

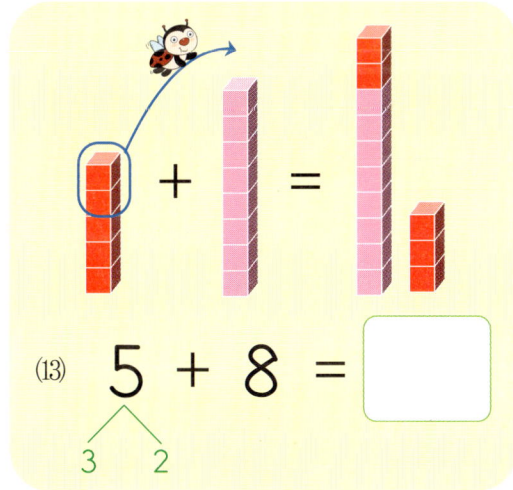

(13) $5 + 8 = \boxed{}$

(14) $3 + 8 = \boxed{}$

(15) $9 + 8 = \boxed{}$

(16) $1 + 8 = \boxed{}$

(17) $7 + 8 = \boxed{}$

(18) $6 + 8 = \boxed{}$

(19) $4 + 8 = \boxed{}$

(20) $8 + 8 = \boxed{}$

(21) $1 + 8 = \boxed{}$

(22) $2 + 8 = \boxed{}$

(23) $3 + 8 = \boxed{}$

(24) $9 + 8 = \boxed{}$

(25) $5 + 8 = \boxed{}$

(26) $7 + 8 = \boxed{}$

5 차시 더하기 8 : (1~9)+8　 **1** 단계

🍀 다음 덧셈을 하세요.

(1) 7 + 8 = ☐

(2) 6 + 8 = ☐

(3) 2 + 8 = ☐

(4) 9 + 8 = ☐

(5) 1 + 8 = ☐

(6) 5 + 8 = ☐

(7) 3 + 8 = ☐

(8) 8 + 8 = ☐

(9) 7 + 8 = ☐

(10) 4 + 8 = ☐

(11) 5 + 8 = ☐

(12) 6 + 8 = ☐

(13) 9 + 8 = ☐

(14) 3 + 8 = ☐

(15) 8 + 8 = ☐

(16) 2 + 8 = ☐

 구체물 없이 덧셈식을 풀어 봅니다. 더해지는 수나 더하는 수를 갈라 10이 되게 만들어 계산하면 더 편리하다는 것을 알려 줍니다.

1주

다음 덧셈을 하세요.

(17) 4 + 7 = ☐

4 + 8 = ☐

(18) 7 + 7 = ☐

7 + 8 = ☐

(19) 9 + 7 = ☐

9 + 8 = ☐

(20) 5 + 7 = ☐

5 + 8 = ☐

(21) 8 + 7 = ☐

8 + 8 = ☐

(22) 6 + 7 = ☐

6 + 8 = ☐

(23) 2 + 7 = ☐

2 + 8 = ☐

(24) 3 + 7 = ☐

3 + 8 = ☐

 어떤 수에 7과 8을 각각 더할 때, 7을 더했을 때보다 8을 더했을 때 계산 결과가 1이 더 큽니다.

6차시 **더하기 8 : (1~9)+8**

🟢 다음 덧셈을 하세요.

(1) $5 + 8$

	5
+	8

(2) $6 + 8$

	6
+	8

(3) $4 + 8$

	4
+	8

 더하기 8을 세로셈으로 익혀 봅니다. 일의 자리의 숫자끼리 더해서 합이 (십몇)이 나오면 몇은 일의 자리에, 십은 십의 자리에 씁니다.

➕ 다음 덧셈을 하세요.

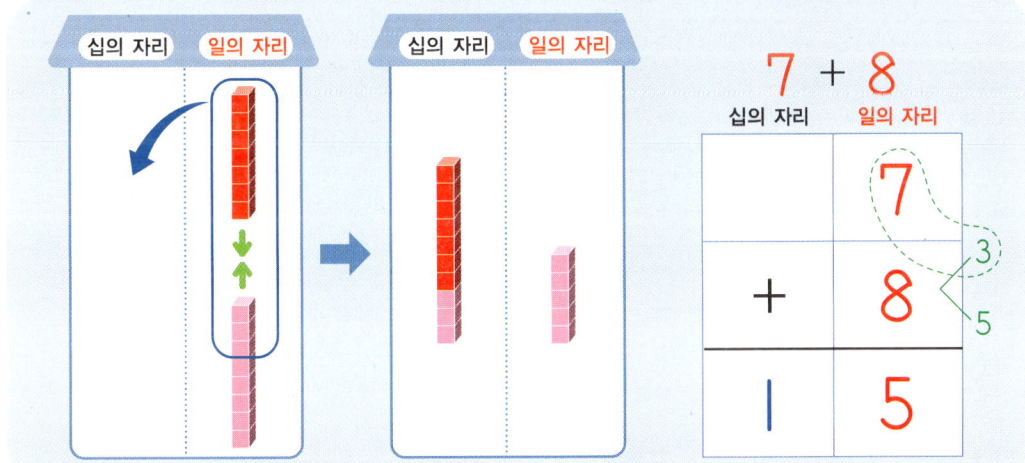

십의 자리	일의 자리
	7
+	8
1	5

(4) 9 + 8

	9
+	8

(5) 6 + 8

	6
+	8

(6) 4 + 8

	4
+	8

(7) 3 + 8

	3
+	8

(8) 5 + 8

	5
+	8

(9) 8 + 8

	8
+	8

 다음 덧셈을 하세요.

(1)

	6
+	8

(2)

	4
+	8

(3)

	7
+	8

(4)

	9
+	8

(5)

	5
+	8

(6)

	1
+	8

(7)

	2
+	8

(8)

	8
+	8

(9)

	3
+	8

● 다음 덧셈을 하세요.

(10)
$$\begin{array}{r} 7 \\ +\ 8 \\ \hline \end{array}$$

(11)
$$\begin{array}{r} 4 \\ +\ 8 \\ \hline \end{array}$$

(12)
$$\begin{array}{r} 6 \\ +\ 8 \\ \hline \end{array}$$

(13)
$$\begin{array}{r} 5 \\ +\ 8 \\ \hline \end{array}$$

(14)
$$\begin{array}{r} 9 \\ +\ 8 \\ \hline \end{array}$$

(15)
$$\begin{array}{r} 3 \\ +\ 8 \\ \hline \end{array}$$

(16)
$$\begin{array}{r} 4 \\ +\ 8 \\ \hline \end{array}$$

(17)
$$\begin{array}{r} 2 \\ +\ 8 \\ \hline \end{array}$$

(18)
$$\begin{array}{r} 6 \\ +\ 8 \\ \hline \end{array}$$

(19)
$$\begin{array}{r} 8 \\ +\ 8 \\ \hline \end{array}$$

(20)
$$\begin{array}{r} 7 \\ +\ 8 \\ \hline \end{array}$$

(21)
$$\begin{array}{r} 1 \\ +\ 8 \\ \hline \end{array}$$

 꼭꼭　세로셈으로 계산할 때에는 자리를 잘 맞추어 계산합니다.

더하기 8 : (1~9)+8

1단계

🍀 다음 덧셈을 하세요.

(1)
```
    1
+   8
───────
```

(2)
```
    2
+   8
───────
```

(3)
```
    3
+   8
───────
```

(4)
```
    4
+   8
───────
```

(5)
```
    5
+   8
───────
```

(6)
```
    6
+   8
───────
```

(7)
```
    7
+   8
───────
```

(8)
```
    8
+   8
───────
```

(9)
```
    9
+   8
───────
```

(10)
```
    1
+   8
───────
```

(11)
```
    2
+   8
───────
```

(12)
```
    3
+   8
───────
```

다음 덧셈을 하세요.

(13)
```
    5
 +  8
─────────
```

(14)
```
    8
 +  8
─────────
```

(15)
```
    6
 +  8
─────────
```

(16)
```
    7
 +  8
─────────
```

(17)
```
    2
 +  8
─────────
```

(18)
```
    4
 +  8
─────────
```

(19)
```
    1
 +  8
─────────
```

(20)
```
    3
 +  8
─────────
```

(21)
```
    9
 +  8
─────────
```

(22)
```
    6
 +  8
─────────
```

(23)
```
    5
 +  8
─────────
```

(24)
```
    8
 +  8
─────────
```

🔵 다음 덧셈을 하세요.

	+8
1	1+8
2	2+8
3	3+8

세로의 수 1에 가로의 수 8을 더해요.

	+8
4	
5	
6	

	+8
7	
8	
9	

	+8
3	
9	
7	

 꼭꼭 (몇)+8을 계산할 때에는 (몇)을 두 수로 갈라 8을 10으로 만들어 계산하거나, 8을 두 수로 갈라 (몇)을 10으로 만들어 계산하면 편리합니다.

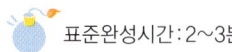
 다음 덧셈을 하세요.

+	8
2	2+8
6	6+8
5	5+8
7	7+8
3	3+8
8	8+8
9	9+8

세로의 수 2에 가로의 수 8을 더해요.

+	8
4	
5	
1	
9	
2	
6	
3	

○ 다음 덧셈을 하세요.

+	1	2	3	4	5
8	1+8	2+8	3+8	4+8	5+8

가로의 수 1에
세로의 수 8을
더해요.

+	6	7	8	9	1
8					

+	2	3	4	5	6
8					

 꼭꼭 가로의 수에 세로의 수 8을 각각 더하여 빈칸에 써넣게 합니다.

다음 덧셈을 하세요.

1주

+	6	5	7	8	3	9
8	6+8	5+8	7+8	8+8	3+8	9+8

+	9	4	2	1	7	5
8						

+	3	7	4	2	6	1
8						

➕ 그림에 알맞은 덧셈식을 찾아 색칠하세요.

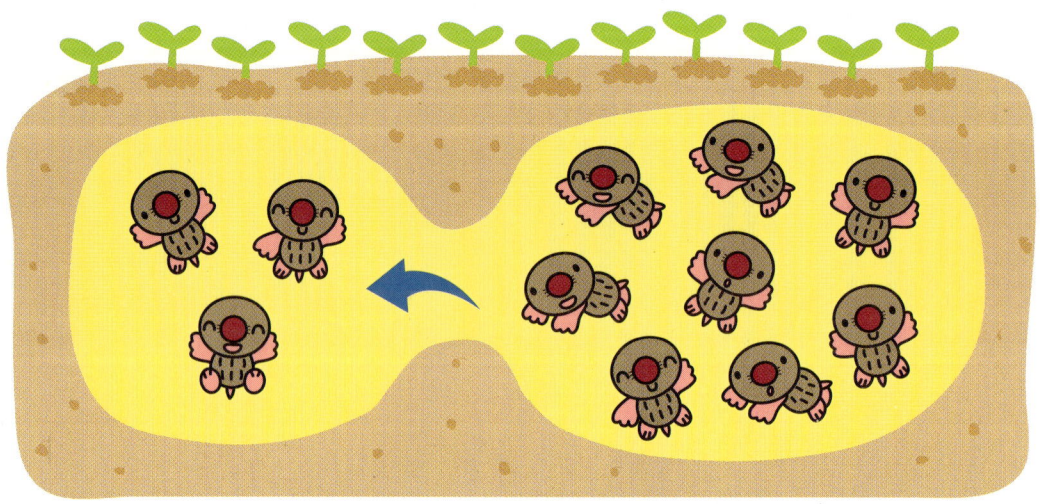

| $3 + 8 = 11$ | $7 + 8 = 15$ | $5 + 8 = 13$ |

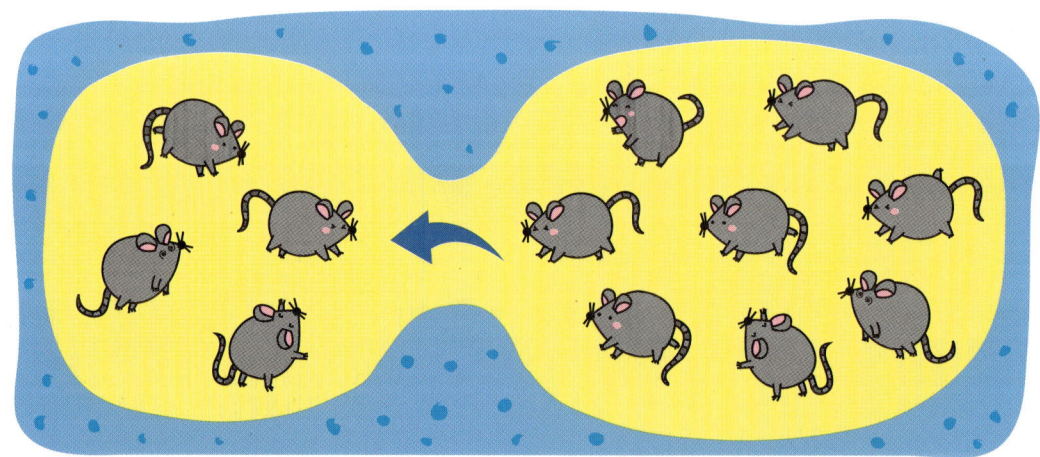

| $8 + 8 = 16$ | $5 + 8 = 13$ | $4 + 8 = 12$ |

 꼭꼭   동물의 수를 세면서 더해지는 수와 더하는 수가 몇인지 알아보고, 덧셈식을 세워 봅니다.

✿ ☐ 안에 알맞은 수를 써넣어 덧셈식을 완성하세요.

☐ + ☐ = ☐

☐ + ☐ = ☐

➕ ☐ 안에 알맞은 수를 써넣어 덧셈식을 완성하세요.

$4 + \boxed{} = 12$

$7 + \boxed{} = 15$

$3 + \boxed{} = 11$

 꼭꼭 오른쪽에 있는 과일의 수를 세어 더하는 수가 몇인지 알아봅니다.

➕ 덧셈을 하고, 계산 결과가 가장 큰 덧셈에 색칠하세요.

| 4 + 8 | 3 + 8 | 5 + 8 |

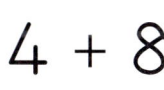 똑같이 더하기 8이니까 더해지는 수가 가장 크면 계산 결과가 가장 커.

| 5 + 8 | 6 + 8 | 7 + 8 |

| 9 + 8 | 8 + 8 | 7 + 8 |

 꼭꼭 모두 더하기 8이므로 더해지는 수가 가장 큰 것이 합도 가장 크다는 것을 알게 합니다.

2주 더하기 8 : (1~22)+8

학습 체크표 매일 학습이 끝나면 채점을 하고 체크표를 작성하여 나의 실력을 알아보세요.

차시	단계	공부한 날	잘 했나요?
13차시		월 일	😊 🙂 😑 😣
14차시		월 일	😊 🙂 😑 😣
15차시		월 일	😊 🙂 😑 😣
16차시		월 일	😊 🙂 😑 😣
17차시	1단계	월 일	😊 🙂 😑 😣
18차시		월 일	😊 🙂 😑 😣
19차시		월 일	😊 🙂 😑 😣
20차시		월 일	😊 🙂 😑 😣
21차시	2단계	월 일	😊 🙂 😑 😣
22차시		월 일	😊 🙂 😑 😣
23차시	3단계	월 일	😊 🙂 😑 😣
24차시		월 일	😊 🙂 😑 😣

틀린 개수가

0~1 개이면 😊 (아주 잘함)에, 2~3 개이면 🙂 (잘함)에,

4~5 개이면 😑 (보통)에, 6 개 이상이면 😣 (노력 바람)에 색칠해 주세요.

학습목표 십의 자리와 일의 자리의 자리값을 알고, 더하기 8의 계산을 가로셈과 세로셈으로 능숙하게 할 수 있다.

파란꽃 10송이와 빨간꽃 8송이니까 10+8=18, 18송이를 꺾었다!

$10 + 8 = 18$

이걸 엮어서 꽃왕관을 만들어야지~ 히히 나는 왕이다~!

짜잔~!!

더 큰 왕관을 만들어야겠다! 꽃을 더 꺾어야지!

파란꽃 20송이, 빨간꽃 8송이를 꺾었으니 20+8=28, 모두 28송이구나!

$20 + 8 = 28$

히히 난 천재야~

➕ 수를 모아 ☐ 안에 알맞은 수를 쓰고, 덧셈을 하세요.

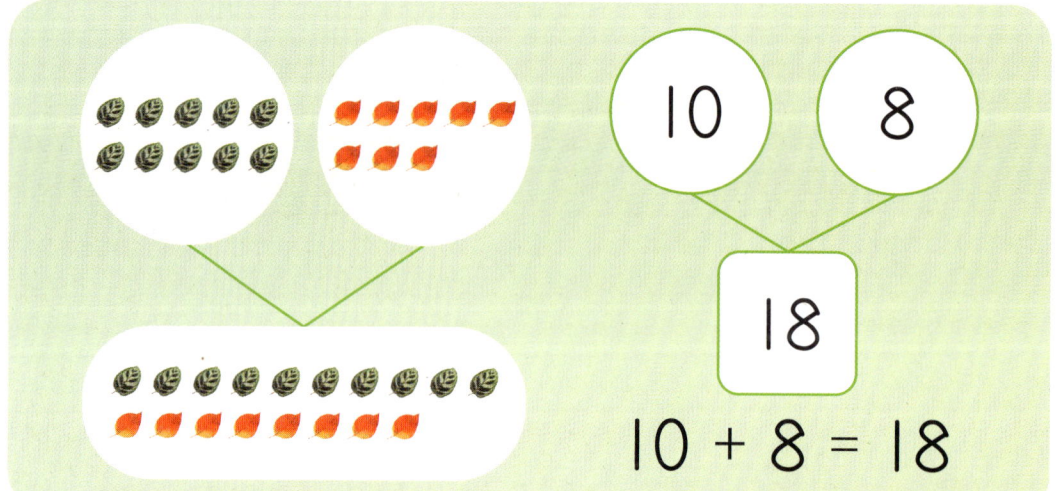

10 + 8 = 18

(1)

| 11 | 8 |

19

11 + 8 = 19

(2)

| 12 | 8 |

12 + 8 = ☐

(3)

| 13 | 8 |

13 + 8 = ☐

(4)

| 14 | 8 |

14 + 8 = ☐

✚ 수를 모아 ☐ 안에 알맞은 수를 쓰고, 덧셈을 하세요.

(5)

$$15 + 8 = \boxed{23}$$

(6)

$$16 + 8 = \boxed{}$$

(7)

17　　8

$$17 + 8 = \boxed{}$$

(8)

18　　8

$$18 + 8 = \boxed{}$$

(9)

$$20 + 8 = \boxed{}$$

(10)

21　　8

$$21 + 8 = \boxed{}$$

➕ 다음 덧셈을 하세요.

＊ 22와 8을 더하면 30이 되지요.
22+8=30이라고 쓰고, '이십이
더하기 팔은 삼십과 같습니다.' 라고
읽어요.

(1)
$$22 + 8 = \boxed{}$$
이십이　더하기　팔　은

(2)
$$21 + 8 = \boxed{}$$
이십일　더하기　팔　은

(3)
$$20 + 8 = \boxed{}$$
이십　더하기　팔　은

(4)
$$19 + 8 = \boxed{}$$
십구　더하기　팔　은

(5)
$$18 + 8 = \boxed{}$$
십팔　더하기　팔　은

 꼭꼭 (몇십 몇)+8을 계산할 때에는 (몇)에 8을 먼저 더한 다음 그 합이 10을 넘으면 십의 자리로 받아올림합니다.

다음 덧셈을 하세요.

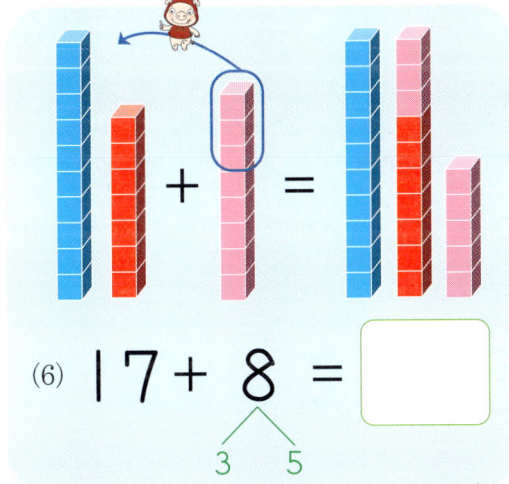

(6) $17 + 8 = $ ☐
$\underset{3 \quad 5}{\wedge}$

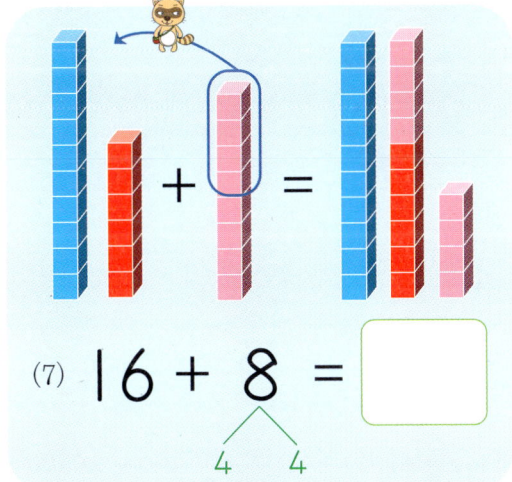

(7) $16 + 8 = $ ☐
$\underset{4 \quad 4}{\wedge}$

2주

(8) $15 + 8 = $ ☐
$\underset{5 \quad 3}{\wedge}$

(9) $14 + 8 = $ ☐
$\underset{6 \quad 2}{\wedge}$

(10) $13 + 8 = $ ☐
$\underset{7 \quad 1}{\wedge}$

(11) $12 + 8 = $ ☐

(12) $11 + 8 = $ ☐

(13) $10 + 8 = $ ☐

(14) $9 + 8 = $ ☐
$\underset{1 \quad 7}{\wedge}$

(15) $8 + 8 = $ ☐
$\underset{2 \quad 6}{\wedge}$

(16) $7 + 8 = $ ☐
$\underset{3 \quad 5}{\wedge}$

(17) $6 + 8 = $ ☐
$\underset{4 \quad 4}{\wedge}$

🍀 다음 덧셈을 하세요.

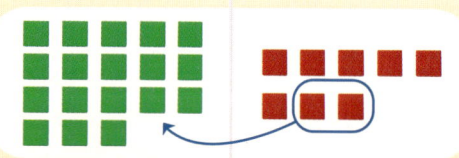
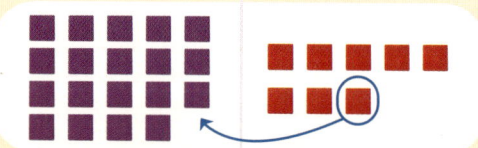

(1) 18 + 8 = ▢
      2   6

(2) 19 + 8 = ▢
      1   7

(3) 13 + 8 = ▢

(4) 17 + 8 = ▢

(5) 16 + 8 = ▢

(6) 14 + 8 = ▢

(7) 15 + 8 = ▢

(8) 11 + 8 = ▢

(9) 10 + 8 = ▢

(10) 21 + 8 = ▢

(11) 12 + 8 = ▢

(12) 20 + 8 = ▢

 꼭꼭 어떤 수에 8을 더할 때 8을 두 수로 갈라 덧셈을 해 봅니다.

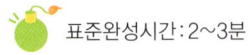
✿ 다음 덧셈을 하세요.

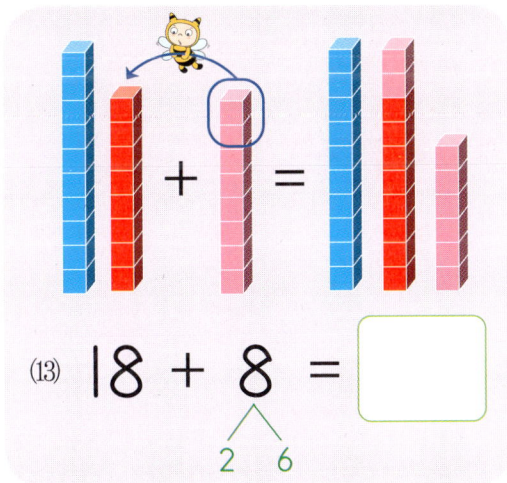

(13) 18 + 8 = ☐

　　　　2　6

(14) 16 + 8 = ☐

(15) 14 + 8 = ☐

(16) 11 + 8 = ☐

(17) 15 + 8 = ☐

(18) 13 + 8 = ☐

(19) 19 + 8 = ☐

(20) 20 + 8 = ☐

(21) 22 + 8 = ☐

(22) 10 + 8 = ☐

(23) 17 + 8 = ☐

(24) 12 + 8 = ☐

(25) 21 + 8 = ☐

(26) 13 + 8 = ☐

○ 다음 덧셈을 하세요.

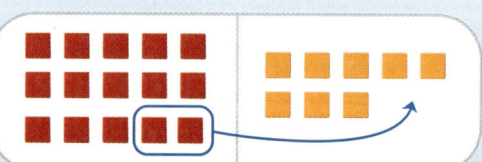

(1) $13 + 8 = \boxed{}$
　　　　∧
　　　1　2

(2) $15 + 8 = \boxed{}$
　　　　∧
　　　3　2

(3) $14 + 8 = \boxed{}$
　　　　∧
　　　2　2

(4) $17 + 8 = \boxed{}$
　　　　∧
　　　5　2

(5) $19 + 8 = \boxed{}$
　　　　∧
　　　7　2

(6) $21 + 8 = \boxed{}$

(7) $22 + 8 = \boxed{}$

(8) $18 + 8 = \boxed{}$
　　　　∧
　　　6　2

(9) $16 + 8 = \boxed{}$
　　　　∧
　　　4　2

(10) $20 + 8 = \boxed{}$

(11) $12 + 8 = \boxed{}$

(12) $11 + 8 = \boxed{}$

➕ 다음 덧셈을 하세요.

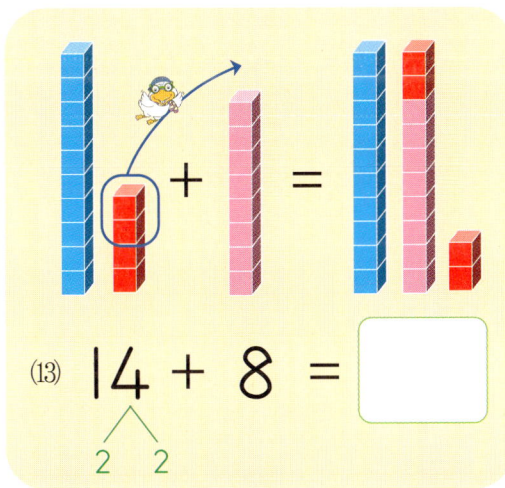

(13) 14 + 8 =

(14) 12 + 8 =

(15) 10 + 8 =

(16) 15 + 8 =

(17) 21 + 8 =

(18) 11 + 8 =

(19) 13 + 8 =

(20) 14 + 8 =

(21) 19 + 8 =

(22) 16 + 8 =

(23) 20 + 8 =

(24) 18 + 8 =

(25) 22 + 8 =

(26) 17 + 8 =

 다음 덧셈을 하세요.

(1)   6 + 8 = ☐   (2)   22 + 8 = ☐

(3)   8 + 8 = ☐   (4)   9 + 8 = ☐

(5)   10 + 8 = ☐   (6)   15 + 8 = ☐

(7)   12 + 8 = ☐   (8)   13 + 8 = ☐

(9)   14 + 8 = ☐   (10)   11 + 8 = ☐

(11)   16 + 8 = ☐   (12)   17 + 8 = ☐

(13)   21 + 8 = ☐   (14)   19 + 8 = ☐

(15)   20 + 8 = ☐   (16)   18 + 8 = ☐

➕ 다음 덧셈을 하세요.

(17)　1 + 8 = ☐　　　　│ + ||||||||

　　11 + 8 = ☐　　　⬚│ + ||||||||

　　21 + 8 = ☐　　⬚⬚│ + ||||||||

(18)　7 + 8 = ☐　　　　(19)　6 + 8 = ☐

　　17 + 8 = ☐　　　　　16 + 8 = ☐

(20)　2 + 8 = ☐　　　　(21)　3 + 8 = ☐

　　12 + 8 = ☐　　　　　13 + 8 = ☐

(22)　5 + 8 = ☐　　　　(23)　4 + 8 = ☐

　　15 + 8 = ☐　　　　　14 + 8 = ☐

 꼭꼭　(어떤 수)+8에서 (어떤 수)가 10 커지면 그 합도 10 커집니다.

➕ 다음 덧셈을 하세요.

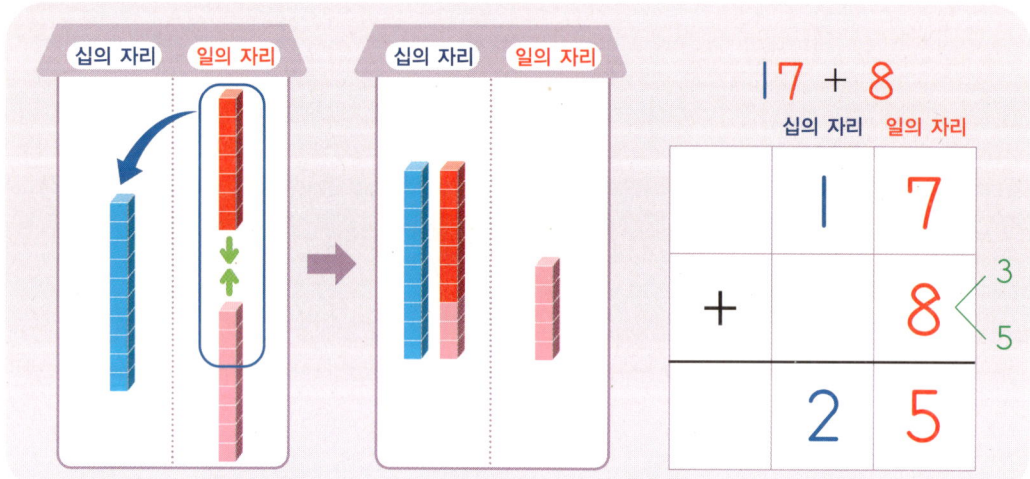

	십의 자리	일의 자리
	1	7
+		8
	2	5

(1) 18 + 8

	1	8
+		8

(2) 12 + 8

	1	2
+		8

(3) 22 + 8

	2	2
+		8

(4) 14 + 8

	1	4
+		8

(5) 19 + 8

	1	9
+		8

(6) 20 + 8

	2	0
+		8

 꼭꼭   수막대를 이용하여 수를 가르기 하여 덧셈을 해 보고 익숙해지면 세로셈으로 직접 계산해 봅니다.

다음 덧셈을 하세요.

(7)
```
    2 2
 +    8
```

(8)
```
    1 3
 +    8
```

(9)
```
    1 5
 +    8
```

(10)
```
    1 2
 +    8
```

(11)
```
    2 1
 +    8
```

(12)
```
    1 9
 +    8
```

(13)
```
    1 0
 +    8
```

(14)
```
    1 4
 +    8
```

(15)
```
    1 6
 +    8
```

➕ 다음 덧셈을 하세요.

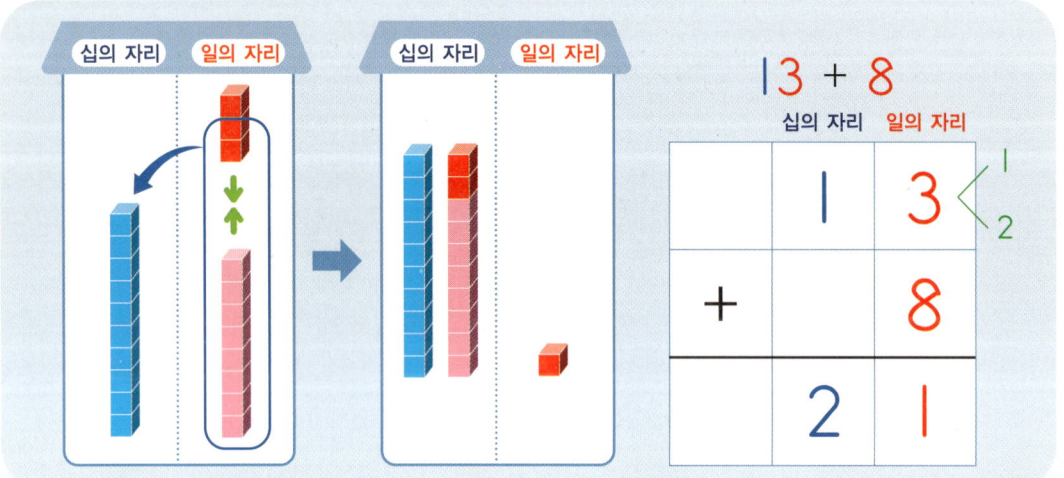

(1)   17 + 8

	1	7
+		8

(2)   19 + 8

	1	9
+		8

(3)   18 + 8

	1	8
+		8

(4)   15 + 8

	1	5
+		8

(5)   16 + 8

	1	6
+		8

(6)   14 + 8

	1	4
+		8

 꼭꼭   세로셈으로 계산을 할 때에는 일의 자리 숫자와 십의 자리 숫자의 자리를 잘 맞추어 계산합니다.

➕ 다음 덧셈을 하세요.

(7)

	1	1
+		8

(8)

	1	8
+		8

(9)

	1	5
+		8

(10)

	1	7
+		8

(11)

	1	6
+		8

(12)

	1	2
+		8

(13)

	1	9
+		8

(14)

	1	4
+		8

(15)

	1	3
+		8

  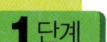

 다음 덧셈을 하세요.

(1)
```
    3
+   8
―――――
```

(2)
```
    8
+   8
―――――
```

(3)
```
  1 1
+   8
―――――
```

(4)
```
    7
+   8
―――――
```

(5)
```
    9
+   8
―――――
```

(6)
```
    5
+   8
―――――
```

(7)
```
  1 2
+   8
―――――
```

(8)
```
  1 4
+   8
―――――
```

(9)
```
  1 6
+   8
―――――
```

(10)
```
  1 7
+   8
―――――
```

(11)
```
  1 9
+   8
―――――
```

(12)
```
  2 1
+   8
―――――
```

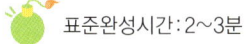 다음 덧셈을 하세요.

(13)
```
  1 7
+   8
─────
```

(14)
```
  1 4
+   8
─────
```

(15)
```
    9
+   8
─────
```

(16)
```
  1 9
+   8
─────
```

(17)
```
  1 3
+   8
─────
```

(18)
```
  1 8
+   8
─────
```

(19)
```
  1 2
+   8
─────
```

(20)
```
  1 0
+   8
─────
```

(21)
```
  1 5
+   8
─────
```

(22)
```
  2 0
+   8
─────
```

(23)
```
  2 2
+   8
─────
```

(24)
```
  1 6
+   8
─────
```

✤ 다음 덧셈을 하세요.

 세로의 수 10에
가로의 수 8을
더해요.

+8	
10	10+8
11	11+8
12	12+8

+8	
13	
14	
15	

+8	
22	
21	
20	

+8	
19	
18	
16	

 덧셈의 수가 커져서 아이가 어려워할 수 있습니다. 여러 가지 구체물을 가지고 큰 수의 덧셈을 충분히 연습시켜 자신감을 갖게 합니다.

다음 덧셈을 하세요.

+	8
16	16+8
19	19+8
10	10+8
15	15+8
12	12+8
21	21+8
7	7+8

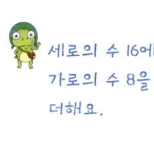 세로의 수 16에
가로의 수 8을
더해요.

+	8
22	
11	
13	
17	
18	
20	
6	

 2주

◆ 다음 덧셈을 하세요.

+	2	7	5	20	3
8					
	2+8	7+8	5+8	20+8	3+8

가로의 수 2에
세로의 수 8을
더해요..

+	6	22	4	15	21
8					

+	10	11	17	13	16
8					

◆ 다음 덧셈을 하세요.

+	11	19	22	9	13	16
8	11+8	19+8	22+8	9+8	13+8	16+8

2주

+	12	8	21	15	10	18
8						

+	14	6	20	7	17	5
8						

➕ 그림을 잘 보고 알맞은 덧셈식을 찾아 색칠하세요.

$13 + 8 = 21$ 　 $11 + 8 = 19$ 　 $15 + 8 = 23$

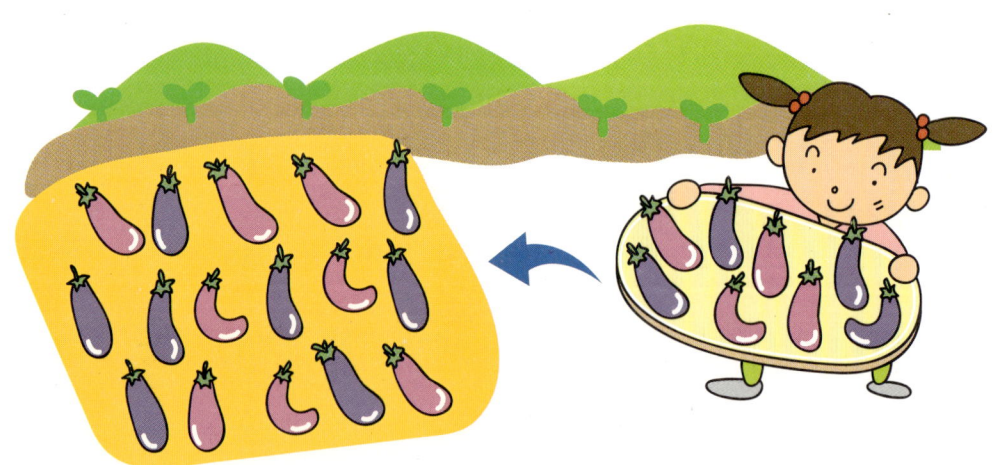

$16 + 8 = 24$ 　 $17 + 8 = 25$ 　 $19 + 8 = 27$

 꼭꼭 　구체물의 수를 세면서 어떤 수의 합을 구하는 문제인지 알아봅니다.

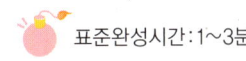

공부한 날　　월　　일

⬧ ☐ 안에 알맞은 수를 써넣어 덧셈식을 완성하세요.

2주

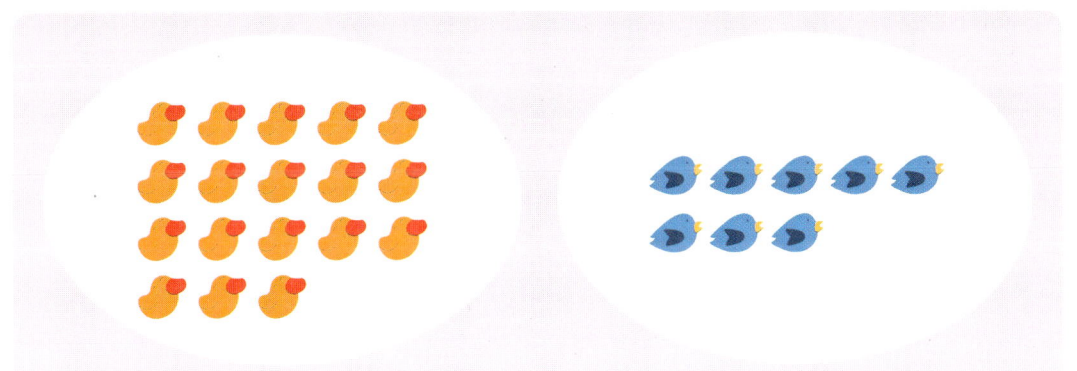

☐ + ☐ = ☐

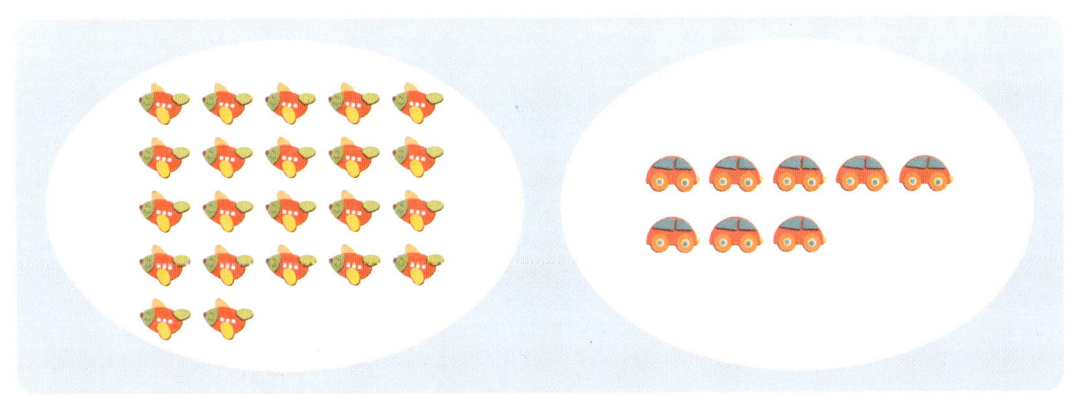

☐ + ☐ = ☐

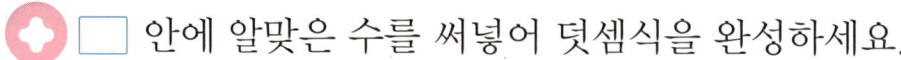

24 차시　더하기 8 : (1~22)+8　**3**단계

💠 ☐ 안에 알맞은 수를 써넣어 덧셈식을 완성하세요.

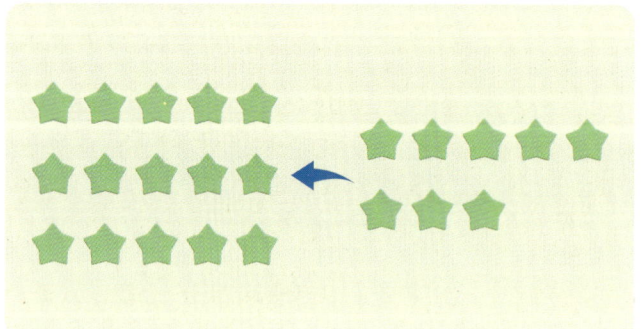

$15 + \boxed{} = 23$

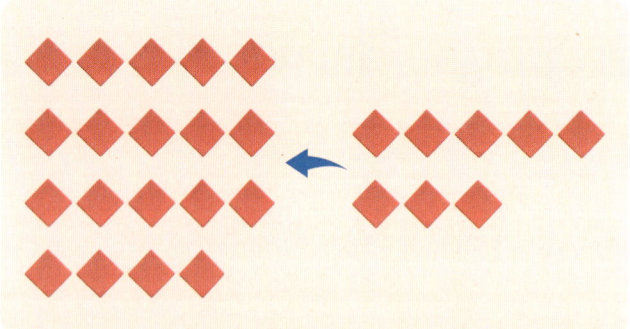

$19 + \boxed{} = 27$

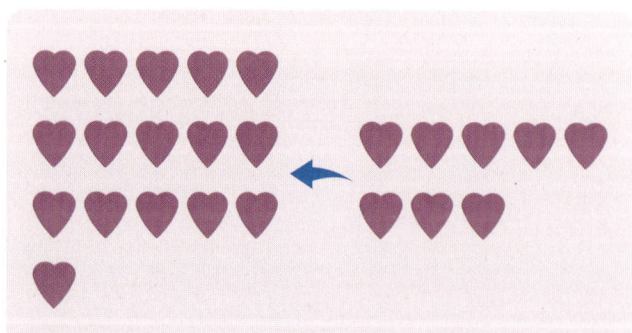

$16 + \boxed{} = 24$

 화살표의 오른쪽은 더하는 수를 나타냅니다. 구체물의 수를 세어 더하기 몇인지 알아봅니다.

덧셈을 하고, 계산 결과가 더 큰 덧셈식에 ◯ 하세요.

11 + 8

12 + 8

13 + 8

2주

15 + 8

18 + 8

10 + 8

9 + 8

8 + 8

7 + 8

 주 더하기 9 : (1~9)+9

| 학습 체크표 | 매일 학습이 끝나면 채점을 하고 체크표를 작성하여 나의 실력을 알아보세요. |

차시	단계	공부한 날	잘 했나요?
25차시	1단계	월 일	😄 🙂 😐 😣
26차시		월 일	😄 🙂 😐 😣
27차시		월 일	😄 🙂 😐 😣
28차시		월 일	😄 🙂 😐 😣
29차시		월 일	😄 🙂 😐 😣
30차시		월 일	😄 🙂 😐 😣
31차시		월 일	😄 🙂 😐 😣
32차시		월 일	😄 🙂 😐 😣
33차시	2단계	월 일	😄 🙂 😐 😣
34차시		월 일	😄 🙂 😐 😣
35차시	3단계	월 일	😄 🙂 😐 😣
36차시		월 일	😄 🙂 😐 😣

틀린 개수가

0~1개이면 😊 (아주 잘함)에, 2~3개이면 🙂 (잘함)에,

4~5개이면 😐 (보통)에, 6개 이상이면 😣 (노력 바람)에 색칠해 주세요.

만화로 개념 알아보기

학습목표 더하는 수나 더해지는 수를 두 수로 갈라 10이 되게 만들어 계산하는 방법 등을 익혀 더하기 9를 여러 가지 방법으로 정확하게 계산할 수 있다.

내가 먹을거야!

언니가 양보해!

이럴 때만 언니래!

칫...

그럼 엄마가 내는 문제를 맞히는 사람이 빵을 먹는 건 어때?

좋아요!

2+9는?

11이요!

응...

3주

그럼 9+9는?

18이요!

안돼~!

언니는 어떻게 그렇게 빨리 맞히는 거야?

$$9 + 9 = 18$$

$$\underset{1 \quad 8}{9}$$

더하는 수 9를 1과 8로 갈라 10+8로 바꾸어서 푼 것이 비결이야.

그럼 언니가 빵 다 먹는거야?

➕ 수를 모아 ☐ 안에 알맞은 수를 쓰고, 덧셈을 하세요.

1 + 9 = 10

(1)

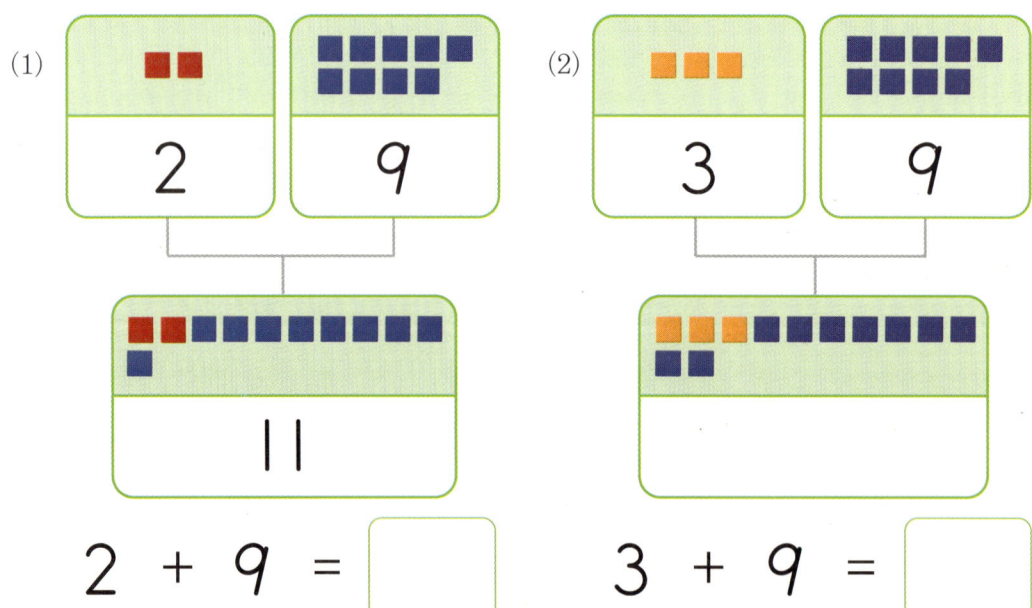

2 + 9 = ☐

(2)

3 + 9 = ☐

 수 모으기는 덧셈의 기초가 되므로 구체물을 가지고 충분히 연습해 봅니다.

➕ 수를 모아 ☐ 안에 알맞은 수를 쓰고, 덧셈을 하세요.

(3)
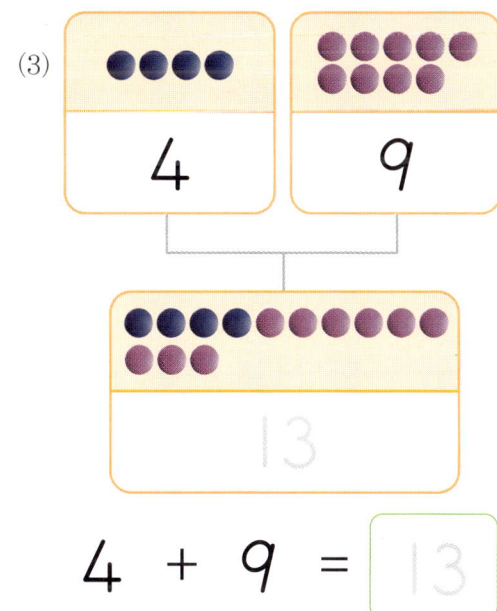

$$4 + 9 = \boxed{13}$$

(4)
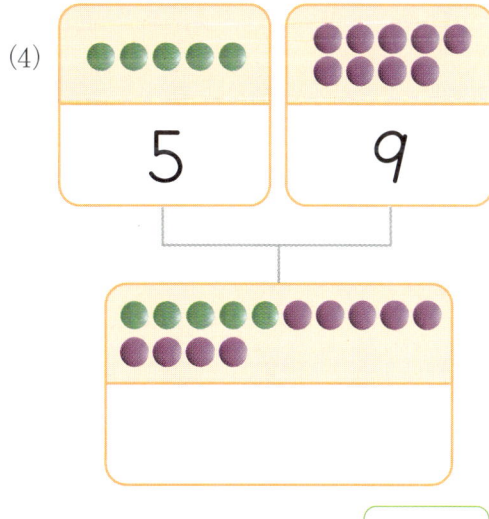

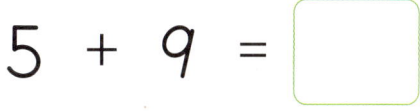

$$5 + 9 = \boxed{}$$

(5)
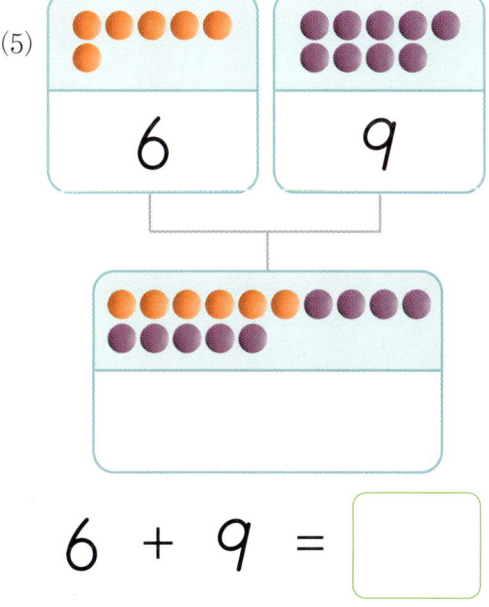

$$6 + 9 = \boxed{}$$

(6)
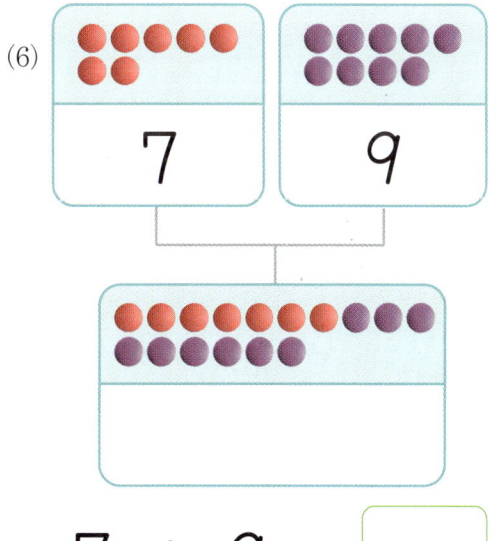

$$7 + 9 = \boxed{}$$

3주

➕ 다음 덧셈을 하세요.

(1) 1   +   9   =   [   ]
     일   더하기   구   는

> * 1과 9를 더하면 10이 되지요.
> 1+9=10이라고 쓰고, '일 더하기
> 구는 10과 같습니다.' 라고 읽어요.

(2) 2   +   9   =   [   ]
     이   더하기   구   는

(3) 3   +   9   =   [   ]
     삼   더하기   구   는

(4) 4   +   9   =   [   ]
     사   더하기   구   는

(5) 5   +   9   =   [   ]
     오   더하기   구   는

 꼭꼭 더해지는 수가 1씩 커질 때 그 합도 1씩 커집니다.

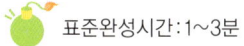
 다음 덧셈을 하세요.

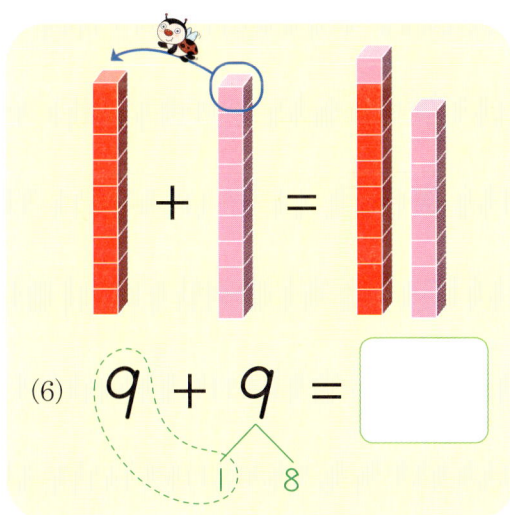

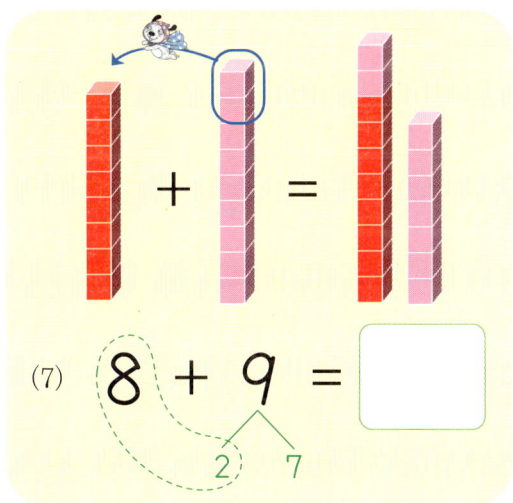

 3주

(6) $9 + 9 = \boxed{}$
　　　　　　1　8

(7) $8 + 9 = \boxed{}$
　　　　　　2　7

(8) $7 + 9 = \boxed{}$
　　　　　　3　6

(9) $6 + 9 = \boxed{}$
　　　　　　4　5

(10) $5 + 9 = \boxed{}$
　　　　　　5　4

(11) $4 + 9 = \boxed{}$
　　　　　　6　3

(12) $3 + 9 = \boxed{}$
　　　　　　7　2

(13) $2 + 9 = \boxed{}$
　　　　　　8　1

(14) $1 + 9 = \boxed{}$

(15) $9 + 9 = \boxed{}$

(16) $8 + 9 = \boxed{}$

(17) $7 + 9 = \boxed{}$

 꼭꼭　9는 1과 8, 2와 7, 3과 6, 4와 5, 5와 4, 6과 3, 7과 2, 8과 1로 가를 수 있습니다.

➕ 다음 덧셈을 하세요.

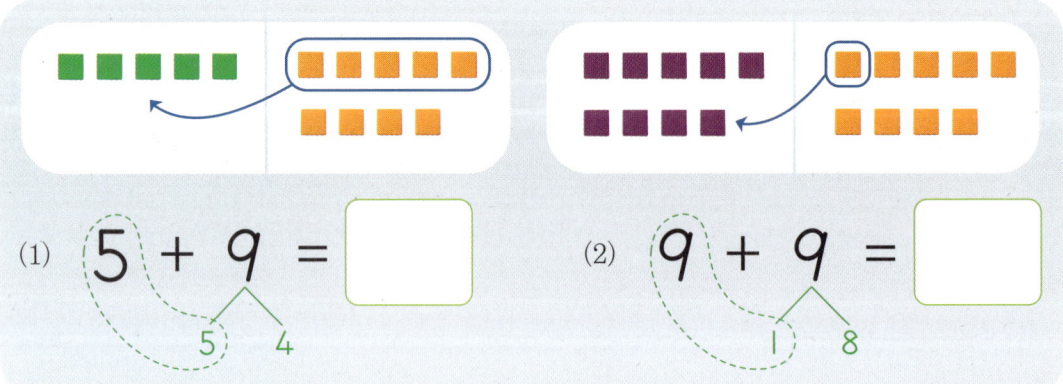

(1) $5 + 9 =$ ☐
     5   4

(2) $9 + 9 =$ ☐
     1   8

(3) $8 + 9 =$ ☐

(4) $5 + 9 =$ ☐

(5) $3 + 9 =$ ☐

(6) $7 + 9 =$ ☐

(7) $4 + 9 =$ ☐

(8) $2 + 9 =$ ☐

(9) $6 + 9 =$ ☐

(10) $1 + 9 =$ ☐

(11) $9 + 9 =$ ☐

(12) $8 + 9 =$ ☐

 다음 덧셈을 하세요.

(13) 5 + 9 =

(14) 4 + 9 =

(15) 1 + 9 =

(16) 6 + 9 =

(17) 8 + 9 =

(18) 7 + 9 =

(19) 9 + 9 =

(20) 3 + 9 =

(21) 4 + 9 =

(22) 7 + 9 =

(23) 2 + 9 =

(24) 9 + 9 =

(25) 8 + 9 =

(26) 2 + 9 =

(27) 6 + 9 =

(28) 5 + 9 =

3주

💠 다음 덧셈을 하세요.

(1) $5 + 9 = \boxed{}$
   4 ⌄ 1

(2) $6 + 9 = \boxed{}$
   5 ⌄ 1

(3) $2 + 9 = \boxed{}$
   1 ⌄ 1

(4) $3 + 9 = \boxed{}$
   2 ⌄ 1

(5) $4 + 9 = \boxed{}$
   3 ⌄ 1

(6) $7 + 9 = \boxed{}$
   6 ⌄ 1

(7) $8 + 9 = \boxed{}$
   7 ⌄ 1

(8) $9 + 9 = \boxed{}$
   8 ⌄ 1

(9) $3 + 9 = \boxed{}$

(10) $6 + 9 = \boxed{}$

(11) $1 + 9 = \boxed{}$

(12) $5 + 9 = \boxed{}$

 꼭꼭   어떤 수에 9를 더할 때 어떤 수를 (몇)과 1로 갈라 더하는 수 9가 10이 되게 만들어 줍니다.

✚ 다음 덧셈을 하세요.

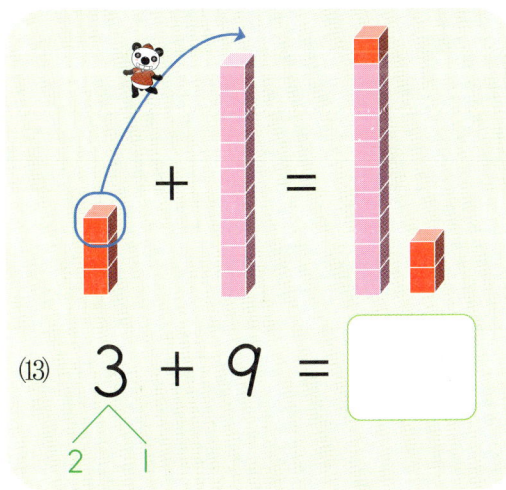

(13) 3 + 9 = ☐

2 ⌄ 1

(14) 9 + 9 = ☐

(15) 7 + 9 = ☐

(16) 4 + 9 = ☐

(17) 6 + 9 = ☐

(18) 8 + 9 = ☐

(19) 3 + 9 = ☐

(20) 5 + 9 = ☐

(21) 2 + 9 = ☐

(22) 6 + 9 = ☐

(23) 9 + 9 = ☐

(24) 7 + 9 = ☐

(25) 1 + 9 = ☐

(26) 4 + 9 = ☐

✿ 다음 덧셈을 하세요.

(1) $3 + 9 =$ ☐   (2) $7 + 9 =$ ☐

(3) $4 + 9 =$ ☐   (4) $5 + 9 =$ ☐

(5) $1 + 9 =$ ☐   (6) $8 + 9 =$ ☐

(7) $6 + 9 =$ ☐   (8) $2 + 9 =$ ☐

(9) $9 + 9 =$ ☐   (10) $3 + 9 =$ ☐

(11) $5 + 9 =$ ☐   (12) $6 + 9 =$ ☐

(13) $2 + 9 =$ ☐   (14) $9 + 9 =$ ☐

(15) $8 + 9 =$ ☐   (16) $1 + 9 =$ ☐

 꼭꼭 ┃ 더해지는 수나 더하는 수를 가르기 하여 10을 만들면 덧셈을 쉽게 계산할 수 있습니다.

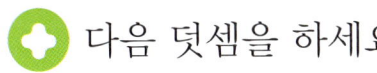 다음 덧셈을 하세요.

(17) 6 + 8 = [　]

6 + 9 = [　]

(18) 9 + 8 = [　]

9 + 9 = [　]

(19) 3 + 8 = [　]

3 + 9 = [　]

(20) 5 + 8 = [　]

5 + 9 = [　]

(21) 7 + 8 = [　]

7 + 9 = [　]

(22) 4 + 8 = [　]

4 + 9 = [　]

(23) 8 + 8 = [　]

8 + 9 = [　]

(24) 2 + 8 = [　]

2 + 9 = [　]

 다음 덧셈을 하세요.

4+9=?

4 + 9

	4	3 사
+	9	더하기 구는
1	3	십삼

(1) 5 + 9

	5
+	9

(2) 2 + 9

	2
+	9

(3) 8 + 9

	8
+	9

 더하기 9를 세로셈으로 익혀 봅니다. 세로셈을 할 때에는 자리를 잘 맞추어 써야 합니다.

다음 덧셈을 하세요.

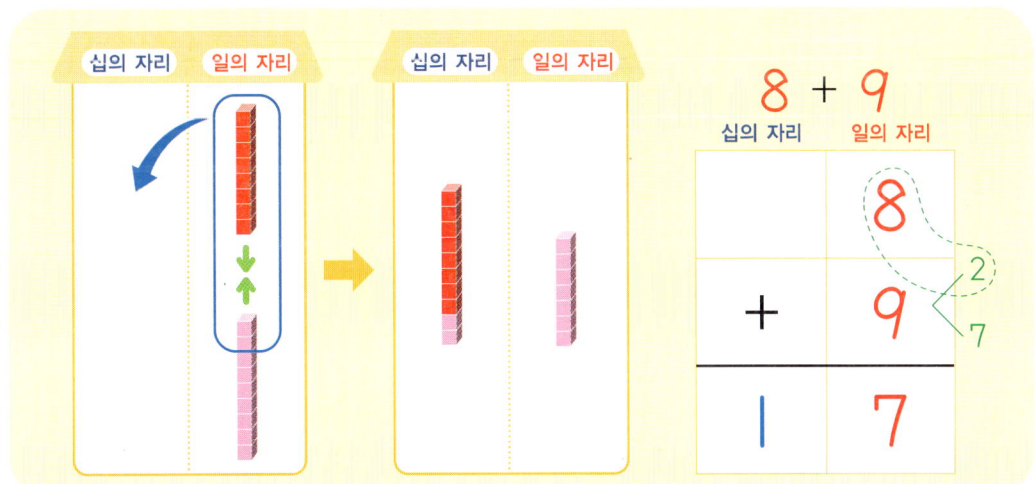

(4)　2 + 9

	2
+	9

(5)　5 + 9

	5
+	9

(6)　3 + 9

	3
+	9

(7)　9 + 9

	9
+	9

(8)　4 + 9

	4
+	9

(9)　7 + 9

	7
+	9

 다음 덧셈을 하세요.

(1)

	9
＋	9

(2)

	8
＋	9

(3)

	5
＋	9

(4)

	6
＋	9

(5)

	7
＋	9

(6)

	2
＋	9

(7)

	1
＋	9

(8)

	4
＋	9

(9)

	3
＋	9

❁ 다음 덧셈을 하세요.

(10)
$$\begin{array}{r} 6 \\ + 9 \\ \hline \end{array}$$

(11)
$$\begin{array}{r} 2 \\ + 9 \\ \hline \end{array}$$

(12)
$$\begin{array}{r} 1 \\ + 9 \\ \hline \end{array}$$

(13)
$$\begin{array}{r} 5 \\ + 9 \\ \hline \end{array}$$

(14)
$$\begin{array}{r} 7 \\ + 9 \\ \hline \end{array}$$

(15)
$$\begin{array}{r} 9 \\ + 9 \\ \hline \end{array}$$

(16)
$$\begin{array}{r} 3 \\ + 9 \\ \hline \end{array}$$

(17)
$$\begin{array}{r} 6 \\ + 9 \\ \hline \end{array}$$

(18)
$$\begin{array}{r} 2 \\ + 9 \\ \hline \end{array}$$

(19)
$$\begin{array}{r} 8 \\ + 9 \\ \hline \end{array}$$

(20)
$$\begin{array}{r} 4 \\ + 9 \\ \hline \end{array}$$

(21)
$$\begin{array}{r} 5 \\ + 9 \\ \hline \end{array}$$

3주

 다음 덧셈을 하세요.

(1)
```
    1
+   9
─────
```

(2)
```
    2
+   9
─────
```

(3)
```
    3
+   9
─────
```

(4)
```
    4
+   9
─────
```

(5)
```
    5
+   9
─────
```

(6)
```
    6
+   9
─────
```

(7)
```
    7
+   9
─────
```

(8)
```
    8
+   9
─────
```

(9)
```
    9
+   9
─────
```

(10)
```
    3
+   9
─────
```

(11)
```
    2
+   9
─────
```

(12)
```
    1
+   9
─────
```

 (몇)과 (몇)의 합이 10을 넘으면 10을 십의 자리로 받아올림합니다.

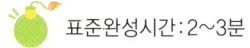 다음 덧셈을 하세요.

(13)
```
    8
  + 9
─────
```

(14)
```
    3
  + 9
─────
```

(15)
```
    5
  + 9
─────
```

(16)
```
    1
  + 9
─────
```

(17)
```
    4
  + 9
─────
```

(18)
```
    9
  + 9
─────
```

(19)
```
    6
  + 9
─────
```

(20)
```
    2
  + 9
─────
```

(21)
```
    7
  + 9
─────
```

(22)
```
    5
  + 9
─────
```

(23)
```
    1
  + 9
─────
```

(24)
```
    8
  + 9
─────
```

 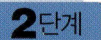
⊕ 다음 덧셈을 하세요.

세로의 수 1에
가로의 수 9를
더해요.

+9	
1	1+9
2	2+9
3	3+9

+9	
4	
5	
6	

+9	
7	
8	
9	

+9	
2	
4	
6	

꼭꼭 (세로의 수)+9를 계산하여 봅니다.

✚ 다음 덧셈을 하세요.

+	9
5	5+9
2	2+9
8	8+9
1	1+9
3	3+9
9	9+9
7	7+9

세로의 수 5에
가로의 수 9를
더해요.

+	9
7	
9	
6	
4	
8	
5	
3	

3주

34차시 **더하기 9 : (1~9)+9**

➕ 다음 덧셈을 하세요.

+	9	8	7	6	5
9					
	9+9	8+9	7+9	6+9	5+9

가로의 수 9에
세로의 수 9를
더해요.

+	4	3	2	1	6
9					

+	8	9	4	5	7
9					

꼭꼭 (가로의 수)+9를 계산하여 봅니다.

 다음 덧셈을 하세요.

+	6	2	8	9	I	4
9						
	6+9	2+9	8+9	9+9	1+9	4+9

가로의 수 6에
세로의 수 9를
더해요.

3주

+	3	5	2	I	7	9
9						

+	4	7	3	8	6	5
9						

✿ 그림에 알맞은 덧셈식을 찾아 색칠하세요.

| $3 + 9 = 12$ | $8 + 9 = 17$ | $6 + 9 = 15$ |

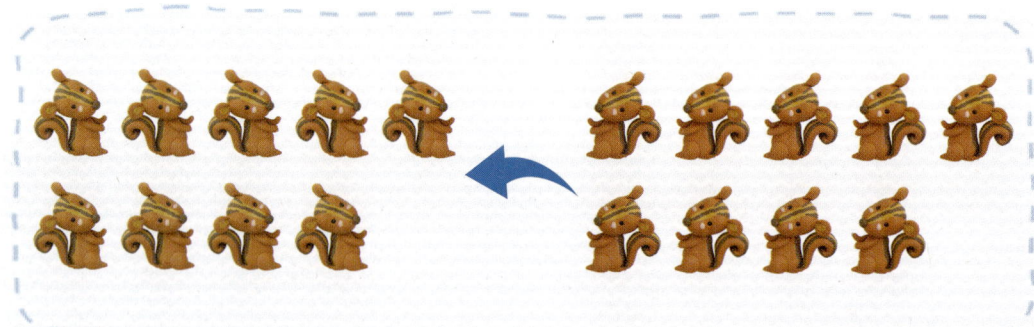

| $9 + 9 = 18$ | $5 + 9 = 14$ | $8 + 9 = 17$ |

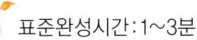
✿ ☐ 안에 알맞은 수를 써넣어 덧셈식을 완성하세요.

☐ + ☐ = ☐

☐ + ☐ = ☐

✚ ☐ 안에 알맞은 수를 써넣어 덧셈식을 완성하세요.

$3 +$ ☐ $= 12$

$7 +$ ☐ $= 16$

$9 +$ ☐ $= 18$

 화살표의 오른쪽에 있는 구체물의 개수가 더하는 수 ☐가 됩니다.

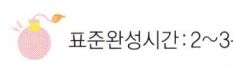

➕ 덧셈을 하고, 계산 결과가 가장 큰 덧셈에 색칠하세요.

5 + 9

3 + 9

8 + 9

3주

7 + 9

6 + 9

8 + 9

9 + 9

8 + 9

4 + 9

 꼭꼭 　(어떤 수)＋9를 계산할 때에는 (어떤 수)가 클수록 그 합도 커집니다.

4주 더하기 9 : (1~21)+9

학습 체크표 매일 학습이 끝나면 채점을 하고 체크표를 작성하여 나의 실력을 알아보세요.

차시	단계	공부한 날	잘 했나요?
37차시		월　일	😊 🙂 😑 😣
38차시		월　일	😊 🙂 😑 😣
39차시		월　일	😊 🙂 😑 😣
40차시		월　일	😊 🙂 😑 😣
41차시	1단계	월　일	😊 🙂 😑 😣
42차시		월　일	😊 🙂 😑 😣
43차시		월　일	😊 🙂 😑 😣
44차시		월　일	😊 🙂 😑 😣
45차시	2단계	월　일	😊 🙂 😑 😣
46차시		월　일	😊 🙂 😑 😣
47차시	3단계	월　일	😊 🙂 😑 😣
48차시		월　일	😊 🙂 😑 😣

틀린 개수가

0~1 개이면 😊 (아주 잘함)에, 2~3 개이면 🙂 (잘함)에,

4~5 개이면 😑 (보통)에, 6 개 이상이면 😣 (노력 바람)에 색칠해 주세요.

만화로 개념 알아보기

학습목표 합이 30 이하가 되는 더하기 9를 능숙하게 계산할 수 있으며 그림을 보고 알맞은 덧셈식을 세울 수 있다.

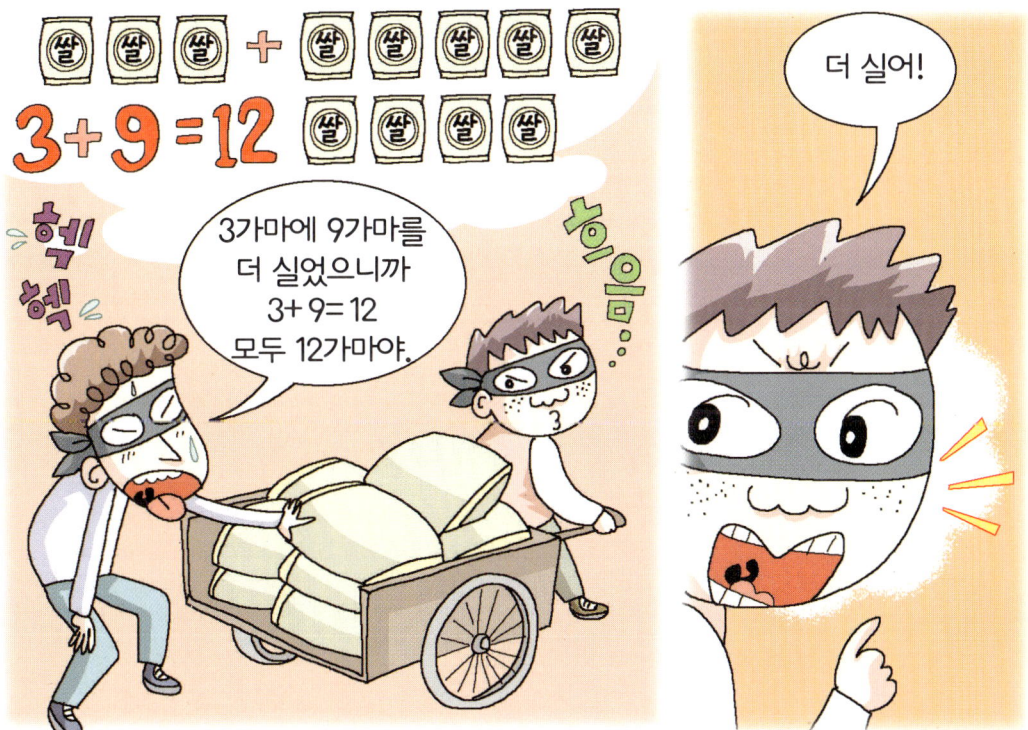

$$12 + 9 = 21$$

◯ 수를 모아 ☐ 안에 알맞은 수를 쓰고, 덧셈을 하세요.

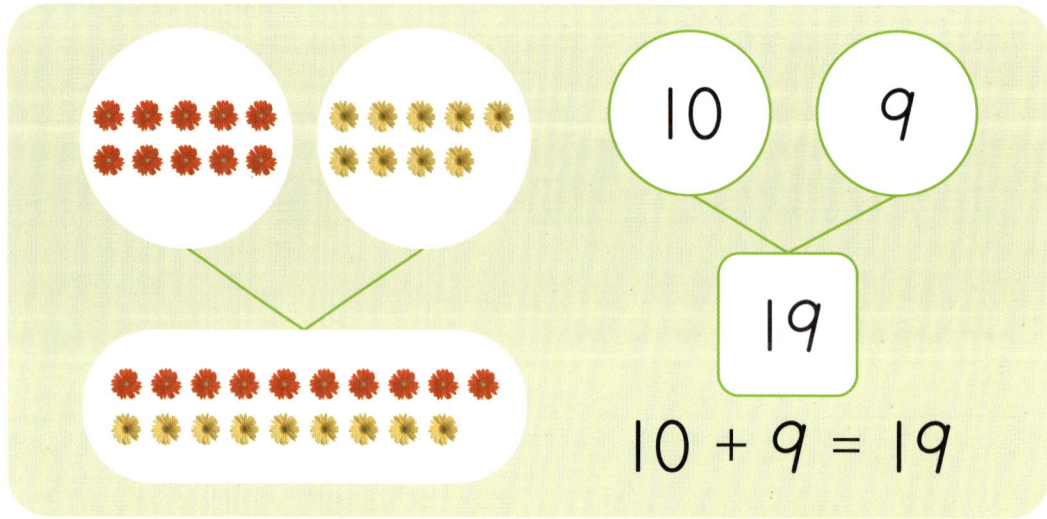

$$10 + 9 = 19$$

(1)
11 9

20

$$11 + 9 = \boxed{20}$$

(2)
12 9

$$12 + 9 = \boxed{}$$

(3)

13 9

$$13 + 9 = \boxed{}$$

(4)
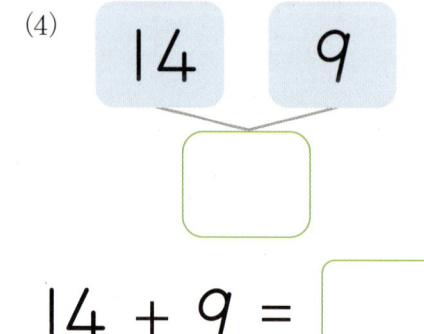
14 9

$$14 + 9 = \boxed{}$$

➕ 수를 모아 ☐ 안에 알맞은 수를 쓰고, 덧셈을 하세요.

(5)　| 15 | 9 |

☐ 24 ☐

$15 + 9 = $ ☐ 24 ☐

(6)　| 16 | 9 |

☐

$16 + 9 = $ ☐

(7)　| 17 | 9 |

☐

$17 + 9 = $ ☐

(8)　| 18 | 9 |

☐

$18 + 9 = $ ☐

(9)　| 20 | 9 |

☐

$20 + 9 = $ ☐

(10)　| 21 | 9 |

☐

$21 + 9 = $ ☐

꼭꼭　두 수의 모으기는 덧셈의 기초가 되므로 구체물을 이용하여 많은 연습을 해 봅니다.

 다음 덧셈을 하세요.

* 21과 9를 더하면 30이 되지요.
21+9=30이라고 쓰고, '이십일
더하기 구는 삼십과 같습니다.' 라고
읽어요.

(1)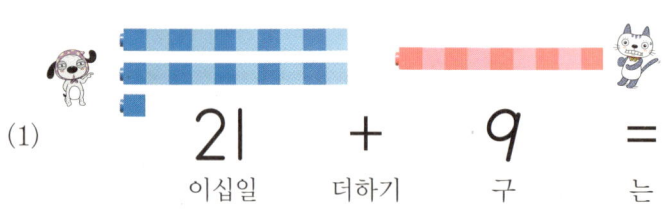

21 + 9 =
이십일   더하기   구   는

(2)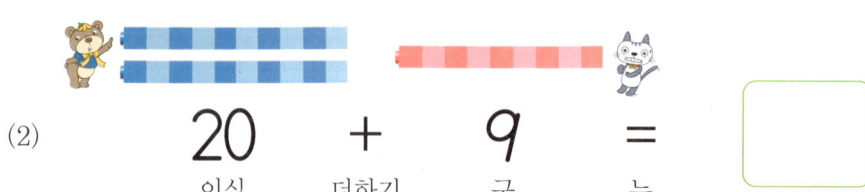

20 + 9 =
이십   더하기   구   는

(3)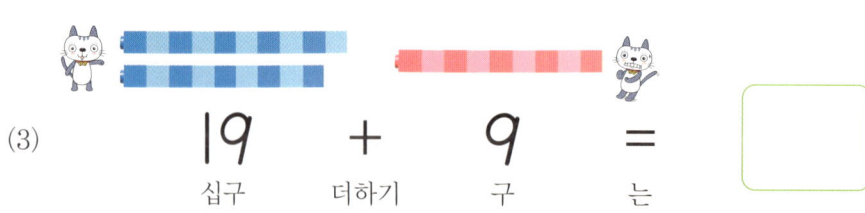

19 + 9 =
십구   더하기   구   는

(4)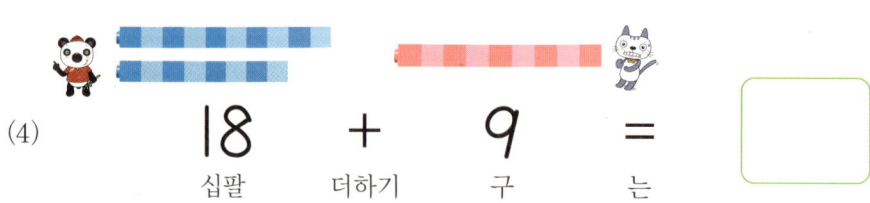

18 + 9 =
십팔   더하기   구   는

(5)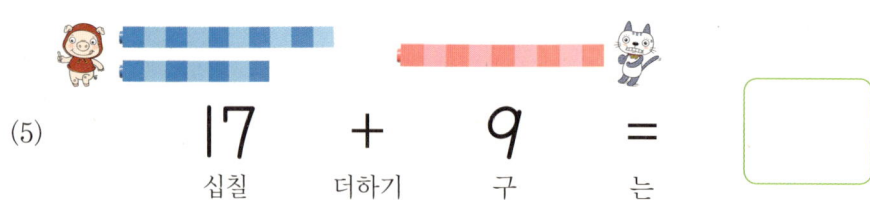

17 + 9 =
십칠   더하기   구   는

🍀 다음 덧셈을 하세요.

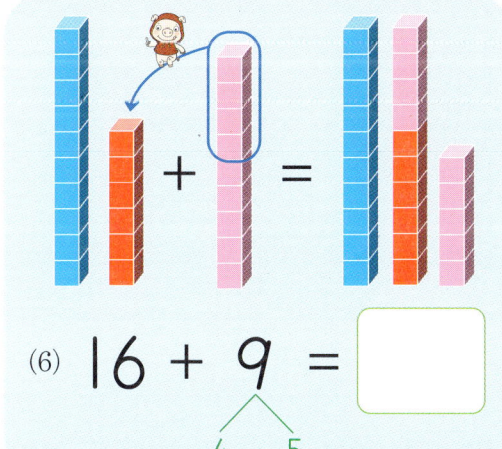

(6) $16 + 9 =$ ☐
　　　　　⌄
　　　　4　5

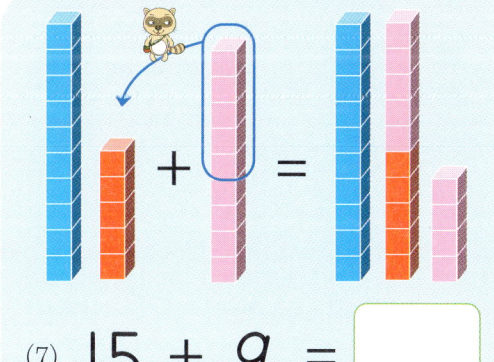

(7) $15 + 9 =$ ☐
　　　　　⌄
　　　　5　4

(8) $14 + 9 =$ ☐
　　　　　⌄
　　　　6　3

(9) $13 + 9 =$ ☐
　　　　　⌄
　　　　7　2

(10) $12 + 9 =$ ☐
　　　　　⌄
　　　　8　1

(11) $11 + 9 =$ ☐

(12) $10 + 9 =$ ☐

(13) $9 + 9 =$ ☐

(14) $8 + 9 =$ ☐

(15) $7 + 9 =$ ☐

(16) $6 + 9 =$ ☐

(17) $5 + 9 =$ ☐

🍀 다음 덧셈을 하세요.

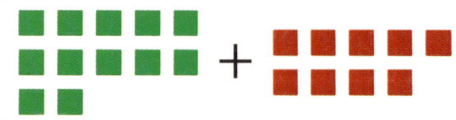

(1) $12 + 9 = \boxed{}$
　　　　8　1

(2) $13 + 9 = \boxed{}$
　　　　7　2

(3) $18 + 9 = \boxed{}$

(4) $16 + 9 = \boxed{}$

(5) $14 + 9 = \boxed{}$

(6) $17 + 9 = \boxed{}$

(7) $19 + 9 = \boxed{}$

(8) $15 + 9 = \boxed{}$

(9) $20 + 9 = \boxed{}$

(10) $11 + 9 = \boxed{}$

(11) $21 + 9 = \boxed{}$

(12) $10 + 9 = \boxed{}$

 더하는 수를 두 수로 갈라 덧셈을 해 봅니다.

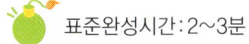

🍀 다음 덧셈을 하세요.

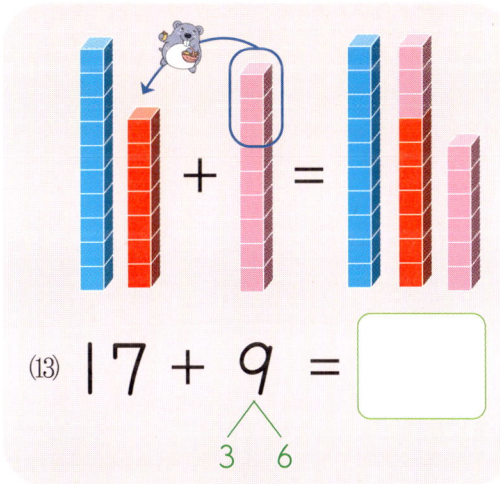

(13) $17 + 9 =$ □

3　6

(14) $18 + 9 =$ □

(15) $14 + 9 =$ □

(16) $15 + 9 =$ □

(17) $10 + 9 =$ □

(18) $12 + 9 =$ □

(19) $19 + 9 =$ □

(20) $11 + 9 =$ □

(21) $16 + 9 =$ □

(22) $21 + 9 =$ □

(23) $13 + 9 =$ □

(24) $14 + 9 =$ □

(25) $15 + 9 =$ □

(26) $20 + 9 =$ □

40_{차시} 더하기 9 : (1~21)+9

 다음 덧셈을 하세요.

(1) $14 + 9 = \boxed{}$
    3   1

(2) $16 + 9 = \boxed{}$
    5   1

(3) $19 + 9 = \boxed{}$
    8   1

(4) $17 + 9 = \boxed{}$
    6   1

(5) $12 + 9 = \boxed{}$
    1   1

(6) $13 + 9 = \boxed{}$
    2   1

(7) $15 + 9 = \boxed{}$
    4   1

(8) $18 + 9 = \boxed{}$
    7   1

(9) $11 + 9 = \boxed{}$

(10) $10 + 9 = \boxed{}$

(11) $21 + 9 = \boxed{}$

(12) $20 + 9 = \boxed{}$

다음 덧셈을 하세요.

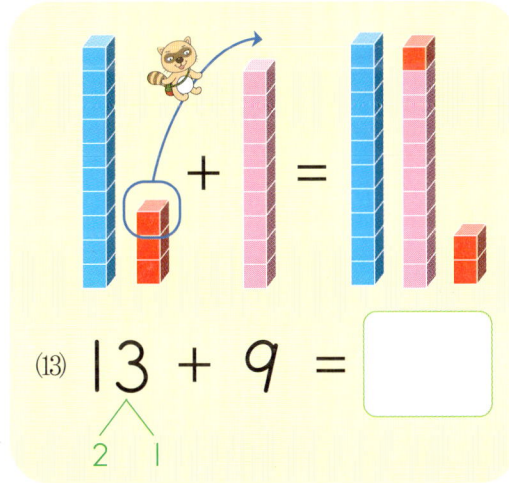

(13) 13 + 9 =

(14) 16 + 9 =

(15) 12 + 9 =

(16) 13 + 9 =

(17) 11 + 9 =

(18) 19 + 9 =

(19) 17 + 9 =

(20) 15 + 9 =

(21) 14 + 9 =

(22) 10 + 9 =

(23) 18 + 9 =

(24) 20 + 9 =

(25) 21 + 9 =

(26) 17 + 9 =

➕ 다음 덧셈을 하세요.

(1) $9 + 9 = \boxed{}$

(2) $11 + 9 = \boxed{}$

(3) $18 + 9 = \boxed{}$

(4) $12 + 9 = \boxed{}$

(5) $15 + 9 = \boxed{}$

(6) $17 + 9 = \boxed{}$

(7) $21 + 9 = \boxed{}$

(8) $13 + 9 = \boxed{}$

(9) $19 + 9 = \boxed{}$

(10) $5 + 9 = \boxed{}$

(11) $14 + 9 = \boxed{}$

(12) $3 + 9 = \boxed{}$

(13) $16 + 9 = \boxed{}$

(14) $8 + 9 = \boxed{}$

(15) $20 + 9 = \boxed{}$

(16) $6 + 9 = \boxed{}$

➕ 다음 덧셈을 하세요.

(17) 1 + 9 = ☐ | + ||||||||||

   11 + 9 = ☐   ⑩ | + ||||||||||

   21 + 9 = ☐   ⑩ ⑩ | + ||||||||||

(18) 3 + 9 = ☐   (19) 8 + 9 = ☐

   13 + 9 = ☐   18 + 9 = ☐

(20) 5 + 9 = ☐   (21) 9 + 9 = ☐

   15 + 9 = ☐   19 + 9 = ☐

(22) 4 + 9 = ☐   (23) 7 + 9 = ☐

   14 + 9 = ☐   17 + 9 = ☐

 더해지는 수가 몇 더 커졌는지 알아보고, 그 합과의 관계도 알아봅니다.

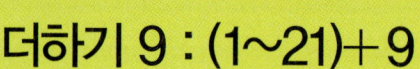

○ 다음 덧셈을 하세요.

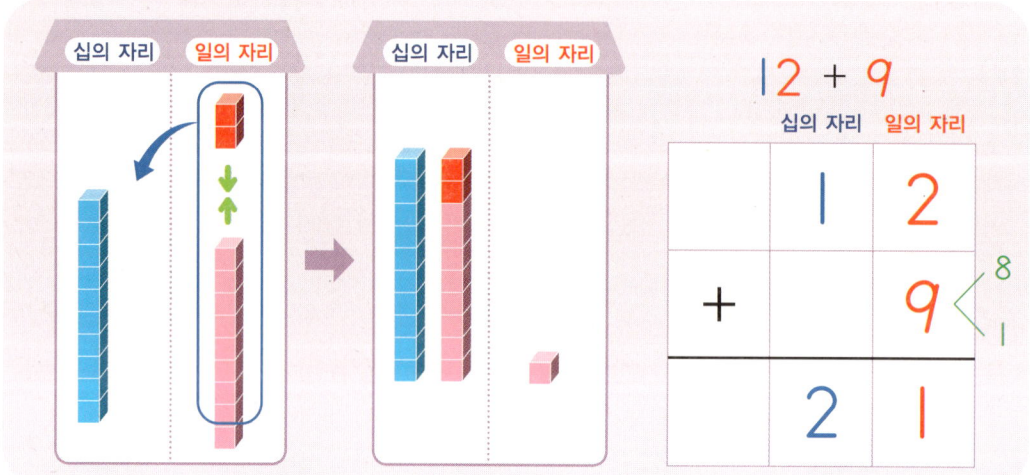

(1)　13 + 9

	1	3
+		9

(2)　17 + 9

	1	7
+		9

(3)　15 + 9

	1	5
+		9

(4)　19 + 9

	1	9
+		9

(5)　21 + 9

	2	1
+		9

(6)　18 + 9

	1	8
+		9

다음 덧셈을 하세요.

(7)

	1	3
+		9

(8)

	1	7
+		9

(9)

	1	5
+		9

(10)

	1	2
+		9

(11)

	1	6
+		9

(12)

	1	9
+		9

(13)

	1	8
+		9

(14)

	1	4
+		9

(15)

	2	1
+		9

➕ 다음 덧셈을 하세요.

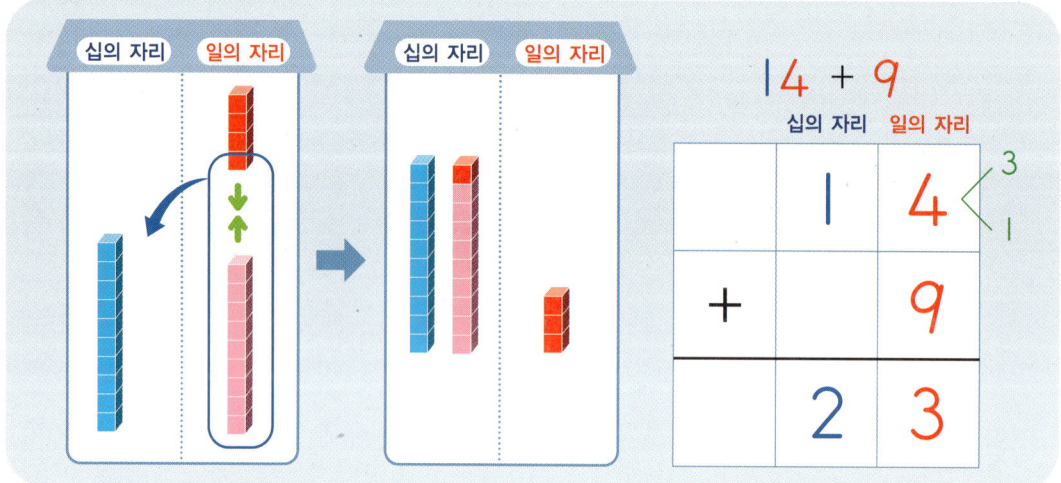

(1) 12 + 9

	1	2
+		9

(2) 19 + 9

	1	9
+		9

(3) 17 + 9

	1	7
+		9

(4) 11 + 9

	1	1
+		9

(5) 13 + 9

	1	3
+		9

(6) 16 + 9

	1	6
+		9

 꼭꼭   (어떤 수)+9를 계산할 때에는 어떤 수를 (몇)과 1로 갈라 덧셈을 해 봅니다.

○ 다음 덧셈을 하세요.

(7)

```
    1 1
+     9
─────────
```

(8)

```
    1 7
+     9
─────────
```

(9)

```
    1 9
+     9
─────────
```

(10)

```
    1 3
+     9
─────────
```

(11)

```
    1 5
+     9
─────────
```

(12)

```
    1 8
+     9
─────────
```

(13)

```
    1 2
+     9
─────────
```

(14)

```
    1 6
+     9
─────────
```

(15)

```
    1 4
+     9
─────────
```

4주

44차시 더하기 9 : (1~21)+9

1 단계

 다음 덧셈을 하세요.

(1)
$$\begin{array}{r} 9 \\ +\ 9 \\ \hline \end{array}$$

(2)
$$\begin{array}{r} 6 \\ +\ 9 \\ \hline \end{array}$$

(3)
$$\begin{array}{r} 7 \\ +\ 9 \\ \hline \end{array}$$

(4)
$$\begin{array}{r} 1\ 9 \\ +\ \ \ 9 \\ \hline \end{array}$$

(5)
$$\begin{array}{r} 2 \\ +\ 9 \\ \hline \end{array}$$

(6)
$$\begin{array}{r} 5 \\ +\ 9 \\ \hline \end{array}$$

(7)
$$\begin{array}{r} 1\ 4 \\ +\ \ \ 9 \\ \hline \end{array}$$

(8)
$$\begin{array}{r} 2\ 1 \\ +\ \ \ 9 \\ \hline \end{array}$$

(9)
$$\begin{array}{r} 1\ 3 \\ +\ \ \ 9 \\ \hline \end{array}$$

(10)
$$\begin{array}{r} 8 \\ +\ 9 \\ \hline \end{array}$$

(11)
$$\begin{array}{r} 1\ 8 \\ +\ \ \ 9 \\ \hline \end{array}$$

(12)
$$\begin{array}{r} 4 \\ +\ 9 \\ \hline \end{array}$$

 다음 덧셈을 하세요.

(13)
$$\begin{array}{r} 3 \\ +\ 9 \\ \hline \end{array}$$

(14)
$$\begin{array}{r} 7 \\ +\ 9 \\ \hline \end{array}$$

(15)
$$\begin{array}{r} 9 \\ +\ 9 \\ \hline \end{array}$$

(16)
$$\begin{array}{r} 1\ 5 \\ +\ \ \ 9 \\ \hline \end{array}$$

(17)
$$\begin{array}{r} 1\ 1 \\ +\ \ \ 9 \\ \hline \end{array}$$

(18)
$$\begin{array}{r} 1\ 9 \\ +\ \ \ 9 \\ \hline \end{array}$$

(19)
$$\begin{array}{r} 1\ 6 \\ +\ \ \ 9 \\ \hline \end{array}$$

(20)
$$\begin{array}{r} 1\ 4 \\ +\ \ \ 9 \\ \hline \end{array}$$

(21)
$$\begin{array}{r} 1\ 3 \\ +\ \ \ 9 \\ \hline \end{array}$$

(22)
$$\begin{array}{r} 1\ 7 \\ +\ \ \ 9 \\ \hline \end{array}$$

(23)
$$\begin{array}{r} 1\ 2 \\ +\ \ \ 9 \\ \hline \end{array}$$

(24)
$$\begin{array}{r} 2\ 1 \\ +\ \ \ 9 \\ \hline \end{array}$$

⬦ 다음 덧셈을 하세요.

+9

7	
8	7+9
9	8+9
	9+9

세로의 수 7에
가로의 수 9를
더해요.

+9

13	
14	
15	

+9

16	
17	
18	

+9

19	
20	
21	

 꼭꼭 (세로의 수)+9를 각각 계산해 봅니다.

 다음 덧셈을 하세요.

+	9
21	21 + 9
17	17 + 9
11	11 + 9
20	20 + 9
12	12 + 9
8	8 + 9
5	5 + 9

세로의 수 21에 가로의 수 9를 더해요.

+	9
10	
14	
15	
11	
18	
13	
4	

 4주

◆ 다음 덧셈을 하세요.

+	17	12	15	7	13
9	17+9	12+9	15+9	7+9	13+9

+	16	8	1	18	10
9					

+	19	3	14	11	2
9					

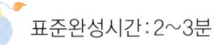

다음 덧셈을 하세요.

+	21	17	15	20	18	16
9						
	21+9	17+9	15+9	20+9	18+9	16+9

+	13	9	14	8	12	7
9						

+	6	11	19	5	16	4
9						

✚ 그림에 알맞은 덧셈식을 찾아 색칠하세요.

| 14 + 9 = 23 | 19 + 9 = 28 | 13 + 9 = 22 |

| 14 + 9 = 23 | 11 + 9 = 20 | 17 + 9 = 26 |

| 15 + 9 = 24 | 13 + 9 = 22 | 16 + 9 = 25 |

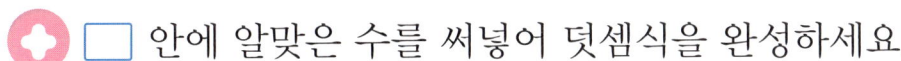

안에 알맞은 수를 써넣어 덧셈식을 완성하세요.

□ + □ = □

□ + □ = □

➕　□ 안에 알맞은 수를 써넣어 덧셈식을 완성하세요.

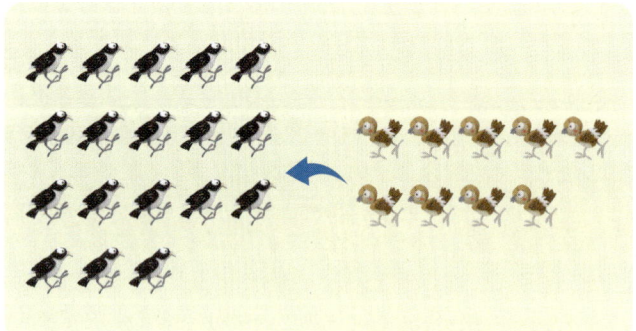

$18 + \boxed{} = 27$

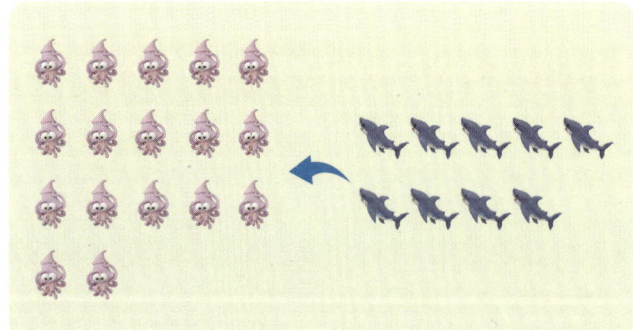

$13 + \boxed{} = 22$

$17 + \boxed{} = 26$

 더해지는 수에 몇을 더해야 답이 나오는지 알아봅니다.

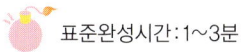
덧셈을 하고, 계산 결과가 가장 큰 덧셈에 색칠하세요.

11 + 9　　　12 + 9　　　13 + 9

15 + 9　　　18 + 9　　　10 + 9

9 + 9　　　8 + 9　　　7 + 9

 꼭꼭　모두 더하기 9이므로 더해지는 수가 가장 큰 수가 계산 결과가 가장 큽니다.

공부한 날 ◯ 월 ◯ 일

🍀 다음 계산을 하세요.

(1) $9 + 8 =$ ☐

(2) $4 + 9 =$ ☐

(3) $5 + 9 =$ ☐

(4) $7 + 8 =$ ☐

(5) $12 + 8 =$ ☐

(6) $13 + 9 =$ ☐

(7) $10 + 9 =$ ☐

(8) $14 + 8 =$ ☐

(9) $21 + 8 =$ ☐

(10) $15 + 9 =$ ☐

(11) $20 + 9 =$ ☐

(12) $8 + 8 =$ ☐

(13) $6 + 9 =$ ☐

(14) $22 + 8 =$ ☐

(15) $15 + 8 =$ ☐

(16) $11 + 9 =$ ☐

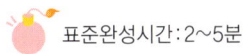
채점을 하고, 틀린 개수에 맞게 ○하세요

(17) 13 + 8 =

(18) 9 + 9 =

(19) 7 + 9 =

(20) 2 + 8 =

(21) 11 + 8 =

(22) 16 + 9 =

(23) 17 + 8 =

(24) 12 + 9 =

(25) 21 + 9 =

(26) 10 + 8 =

(27) 18 + 8 =

(28) 17 + 9 =

(29) 14 + 9 =

(30) 20 + 8 =

(31) 2 + 9 =

(32) 3 + 8 =

(33) 3 + 9 =

(34) 5 + 8 =

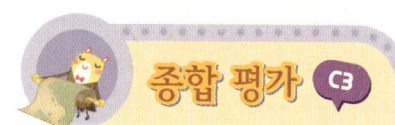

(35)
```
  1 6
+   8
─────
```

(36)
```
  1 3
+   9
─────
```

(37)
```
  1
+ 8
─────
```

(38)
```
  1 0
+   8
─────
```

(39)
```
  1 5
+   9
─────
```

(40)
```
  1 4
+   8
─────
```

(41)
```
    4
+   9
─────
```

(42)
```
  1 9
+   8
─────
```

(43)
```
  2 0
+   9
─────
```

(44)
```
  1 6
+   9
─────
```

(45)
```
  1 8
+   8
─────
```

(46)
```
  1 7
+   8
─────
```

정답 및 지도서

자르는 선을 따라 잘라 보관하여, 채점할 때 사용하세요.

정답 및 지도서

1주 더하기 8 : (1~9)+8

지도 방법

1. 더하기 8의 개념을 이해하고, 여러 가지 문제를 통해 (1~9)+8을 익힙니다.

2. 바둑돌이나 구슬 등 주위에서 쉽게 접할 수 있는 사물을 이용하여 숫자 '8'의 양 개념을 정확하게 알게 하는 것이 중요합니다. 사물의 배열만 보고도 몇 개인지 알 수 있을 정도로 양 개념을 충분히 익힐 수 있도록 지도해 주세요.

3. 낱개의 합이 10을 넘어가는 경우, 개수 세기보다는 수를 가르고 모으는 방법으로 아이가 계산할 수 있도록 지도해 주세요.

4. 개수 세기, ○ 그리기, 수 가르기 등 여러 가지 계산 방법을 알려 준 다음 아이가 쉽고 빠르게 풀 수 있는 방법을 선택하게 합니다.

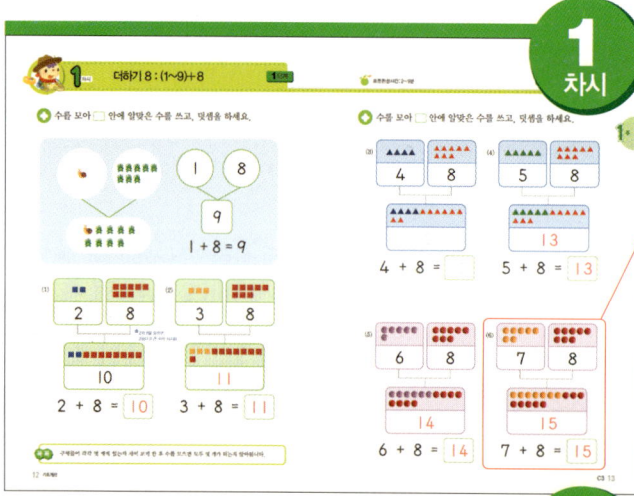

1차시

12~13쪽

- 노란색 구슬은 몇 개니?
- 빨간색 구슬은?
- 구슬을 모두 모아 몇 개가 되는지 알아볼래?

2차시

14~15쪽

- 각각의 블록의 개수를 세어 합하면 합이 몇 개인지 알 수 있어.
- 블록을 이용해서 3+8을 계산해 볼까?
- 블록 3개에 블록 8개를 더 연결하면 블록이 모두 몇 개가 되지?
- ○○가 큰 소리로 덧셈식을 읽어 볼래?

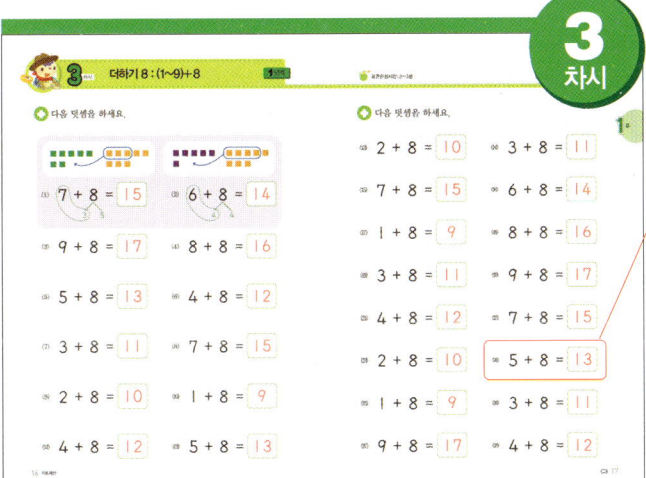

16~17쪽

- 5+8을 계산해 볼까? 먼저 5를 3과 2로 갈라 보자.

$$5+8=13 \qquad ❶\ 2+8=10$$
$$\underset{3 \quad 2}{\diagdown} \qquad\qquad ❷\ 10+3=13$$

- 나머지 덧셈도 이런 방법으로 계산해 볼래?

18~19쪽

- 7+8은 7을 갈라서 풀어 보자. 7을 5와 2로 갈라야 해. 2에 8을 더하면 10. 여기에 5를 더하면 15. 답은 15가 돼.
- 9+8도 풀어 보자. 9를 몇과 몇으로 가르는 게 좋을까?

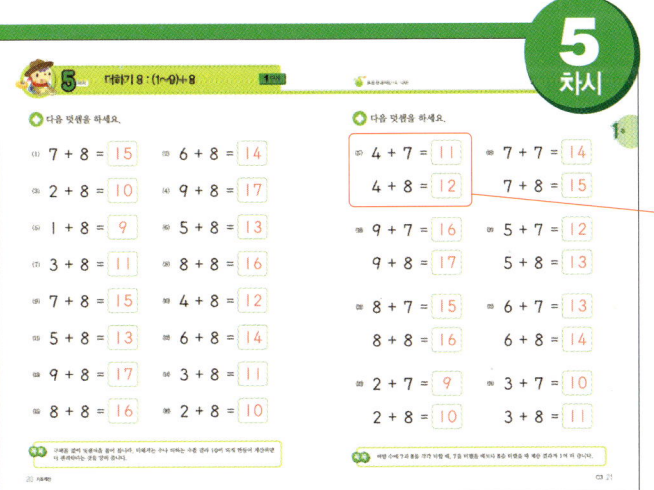

20~21쪽

- 앞의 수 가르기나 뒤의 수 가르기 중 ○○가 풀기 쉬운 방법을 이용해서 계산해 볼까?
- 7보다 8이 몇 더 크니? 그래 1 크지. 그러니까 4+7보다 4+8의 답이 1 더 클거야. 확인해 볼까?

정답 및 지도서 C3

6차시

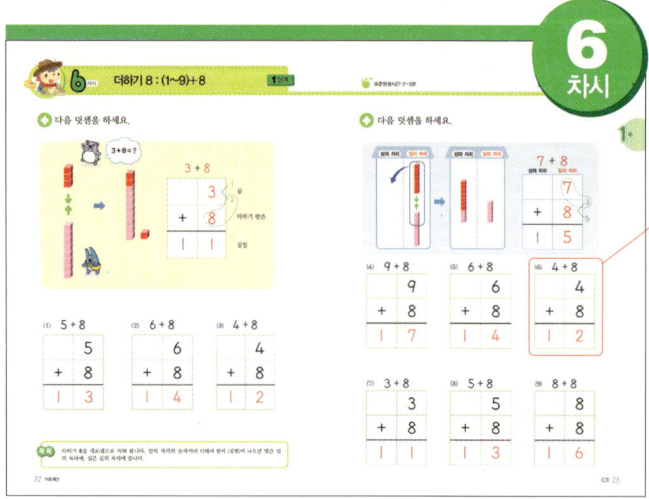

22~23쪽

- 세로셈도 가로셈처럼 가르기를 이용하면 쉽게 풀 수 있단다.
- 4+8을 계산해 볼까? 4와 8 중 어떤 수를 가르는 것이 좋을까?
- 8을 갈라 계산해 볼까? 8은 몇 과 몇으로 가를 수 있니?

7차시

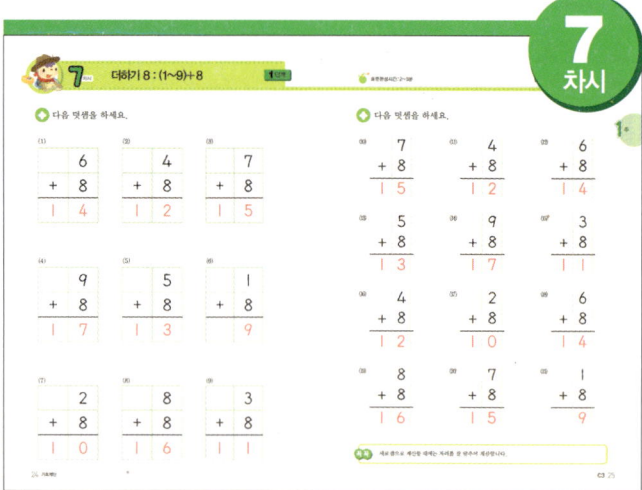

24~25쪽

- 세로셈을 할 때에는 자릿수를 잘 맞춰 써야 해.
- 세로셈도 가로셈과 마찬가지로 수 가르기를 이용하면 쉽게 계산할 수 있어.

8차시

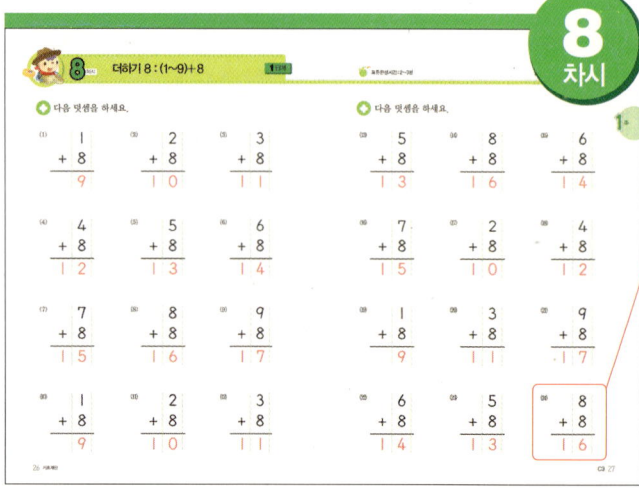

26~27쪽

8+8을 가로셈으로 계산해 볼까?
$8+8=16$

   2   6

❶ $8+2=10$

❷ $10+6=16$

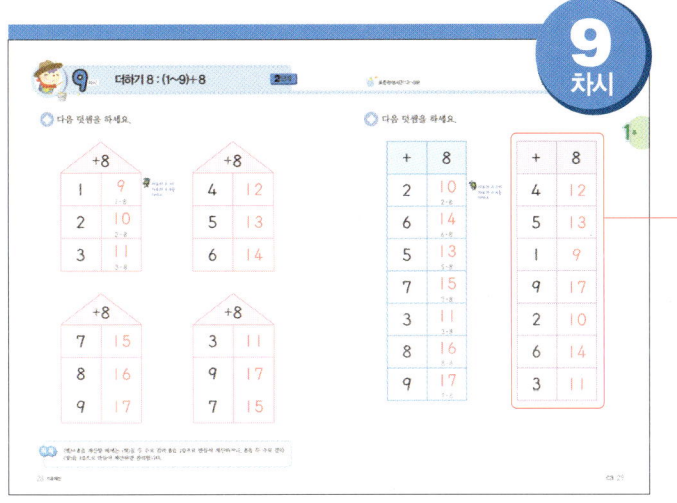

28~29쪽

- 덧셈을 하는 여러 가지 방법 중에서 ○○가 쉬운 방법으로 계산하면 된단다.
- 엄마가 천천히 수를 불러 볼테니 더하기 8을 해서 빈칸에 적어 볼래? 4, 5, 1, 9, 2, 6, 3

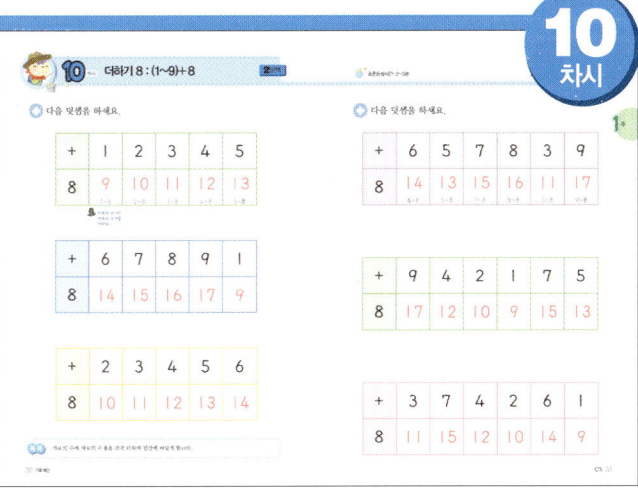

30~31쪽

- 더하기 8 문제를 많이 풀어 봐서 이제는 잘할 수 있지?
- 답을 맞춰 보고, 틀린 문제는 다시 한 번 풀어 보도록 하자.
- 문제를 많이 풀어서 숙달되면 더 빨리 풀 수 있을 거야.

32~33쪽

- 왼쪽과 오른쪽에 동물이 몇 마리씩 있니?
- 덧셈식은 어떻게 될까? '왼쪽 동물의 수＋오른쪽 동물의 수＝전체 동물의 수'야.

34~35쪽

모두 더하기 8이네. 그러니까 더해지는 수가 클수록 답이 더 클 거야. 한번 확인해 볼래?

체크 포인트

❶ 계속해서 더하는 숫자가 커지므로 앞에서 배운 더하기 1~7까지의 계산을 복습해 보면서 아이가 자신감을 가질 수 있도록 지도해 주세요.

❷ 덧셈식을 읽어 보고 문장으로 말해 보거나, 엄마가 문장을 제시하고 아이가 이에 맞는 덧셈식을 만드는 등의 학습을 반복해서 해 보세요.

❸ 지금까지 배운 덧셈을 종합적으로 복습한 뒤 암산을 통해 확인하는 과정을 거쳐 주세요. 양에 대한 개념이 형성되었더라도 지속적으로 반복하지 않으면 아이는 쉽게 잊어버려서 계산을 힘들어 할 수 있기 때문입니다.

2주 더하기 8 : (1~22)+8

지도 방법

1. (1~22)+8을 중점적으로 익히고, 여러 가지 문제를 통해 더하기 8을 총정리합니다.

2. 두 자리 수의 덧셈에서는 합이 20을 넘는 경우가 많으므로 꾸준히 덧셈을 반복적으로 학습하는 것이 중요합니다.

3. 하나의 수를 두 개의 수로 가르는 연습을 반복해서 지도합니다. 이를 통해 수는 고정된 것이 아니라 자유롭게 가르고 모을 수 있는 것임을 알게 되며, 계산에서 이를 적극적으로 활용할 수 있기 때문입니다.

4. 큰 수의 더하기를 할 때에는 수 가르기를 이용하면 계산을 훨씬 더 쉽게 할 수 있으므로 수 가르기를 많이 연습시킵니다.

40~41쪽

- 이번에는 바둑돌로 16+8을 계산해 볼까?
- ○○가 바둑돌 16개와 8개를 왼쪽과 오른쪽에 각각 놓은 다음 한꺼번에 모아 보렴!
- 모두 몇 개인지 세어 볼까?

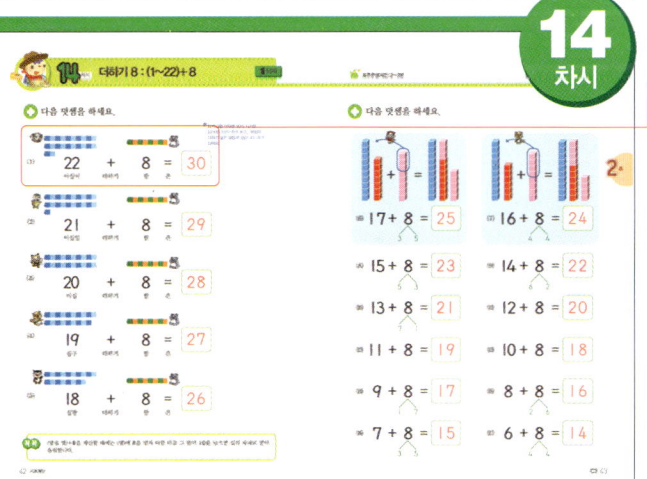

42~43쪽

- 블록으로 22+8을 계산해 볼까? 22는 10개짜리 블록 2개, 낱개 2개야. 낱개 블록 8개를 2개와 연결하면 모두 몇이 되니? 10개짜리 블록은 모두 몇 개가 되지?
- 다른 문제도 블록을 합해 풀어 볼래? 낱개는 낱개끼리 연결해야 해.

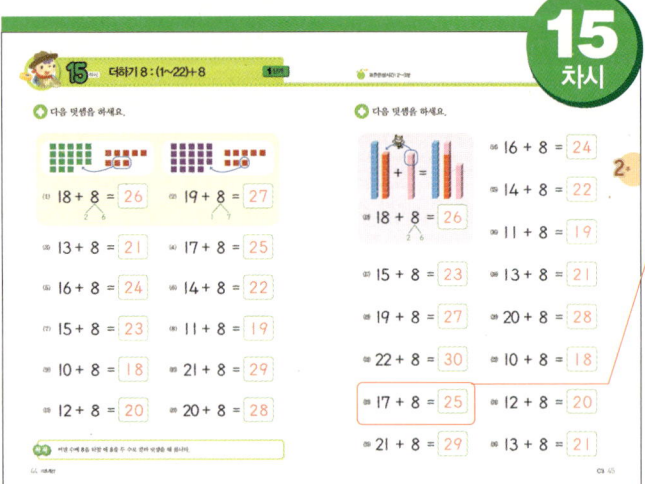

44~45쪽

17+8을 계산해 볼까? 8을 3과 5로 가른 다음 17에 3을 더해 20으로 만드는 거야. 그리고 20에 5를 더하는 거지.

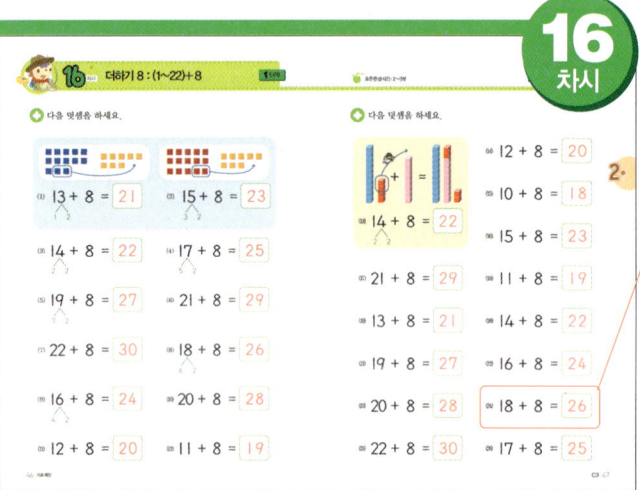

46~47쪽

• 18+8을 계산할 때 더하는 수 8을 가르기 하여 계산해 보자.

• 8을 2와 6으로 갈라서 더해지는 수에 2를 더하고 남은 수 6은 나중에 더하면 돼.

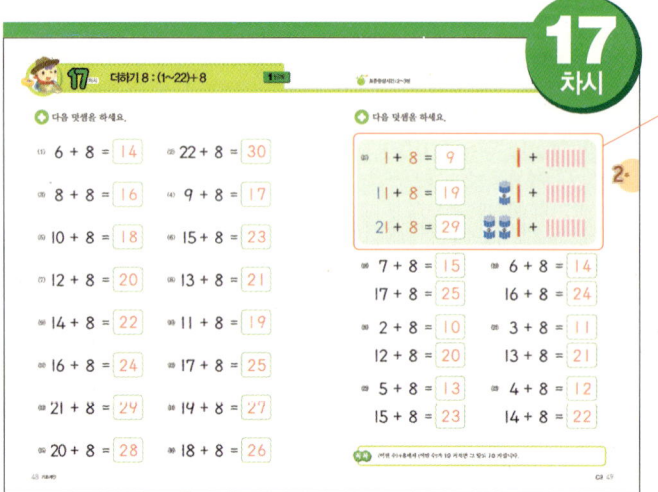

48~49쪽

• 수수깡을 이용해서 재미있는 문제를 풀어 보자. 1+8은 몇이니?

• 11+8은? 두 문제의 답은 일의 자리 숫자가 9로 모두 같네. 그럼 21+8은 몇일까? 일의 자리 숫자가 역시 9가 되네.

- 세로셈으로 15+8을 계산해 볼까?
- 세로셈을 할 때에는 자릿수를 잘 맞춰야 하는 것을 잊지 말아야 해.

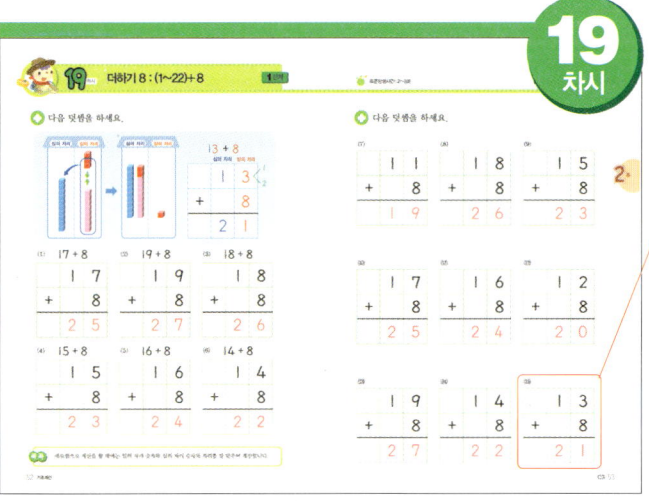

- 13+8도 마찬가지야. 더해지는 수나 더하는 수를 갈라서 계산해 보렴.
- 더하는 수 8은 7과 1로 나누어 계산하는 것이 좋아.
- 수 가르기가 어려울 때에는 바둑돌이나 블록으로 더해도 돼.

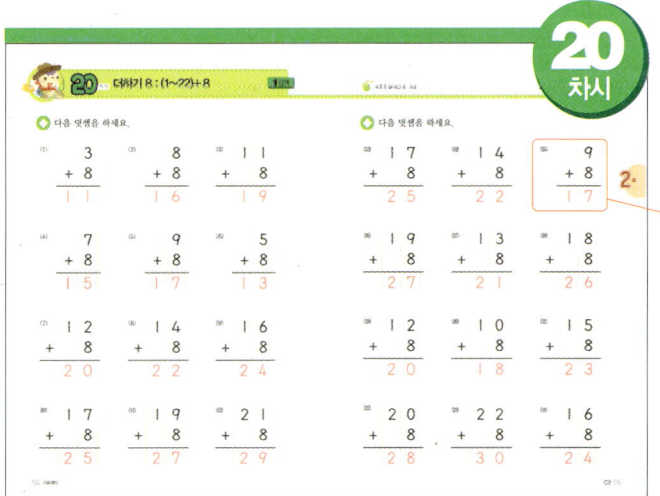

- 앞의 수 가르기나 뒤의 수 가르기 중 어느 형태로 풀어도 답은 같아.
- 9+8을 계산해 볼래?

$$9+8=17 \qquad ① 2+8=10$$
$$7 \quad 2 \qquad\qquad ② 10+7=17$$

21 차시

- 어려우면 동그라미를 그려 가면서 계산을 해 보자.
- 어떤 수에 8을 더하는 계산이라는 거 잊지 마.
- 어떤 수에 8을 더하면 몇이 더 커질까?

22 차시

- 어떤 수에 8을 더해서 풀면 돼.
- 6+8을 계산해 볼까?

$6+8=14$

4 2

❶ $2+8=10$
❷ $10+4=14$

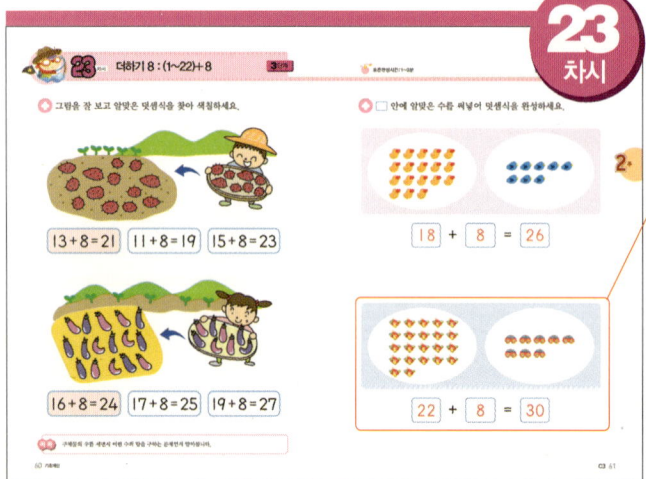

23 차시

- 비행기의 개수는 더해지는 수, 자동차의 개수는 더하는 수가 된단다.
- 비행기와 자동차를 더하면 모두 몇 대가 될까?
- ○○가 식을 세워 보렴.

62~63쪽

- 가장 큰 덧셈식을 찾아볼래?
- 11+8은? 19.
- 12+8은? 20.
- 13+8은 수를 갈라서 푸는 것이 더 쉬워. 어디 한 번 풀어 보렴.

체크 포인트

❶ 아이와 함께 수수께끼 문제나 리듬이 있는 문장을 이용하여 그 동안 배웠던 문제를 재미있게 풀어 보세요. '1+8은?, 3+8은?' 하는 식으로 문제를 빨리 내면서 흥미를 유발시켜 주는 것이 중요합니다.

❷ 아이들은 문장으로 나온 문제의 식을 잘 세우지 못하고 어려워합니다. 엄마가 문장으로 말하면 그것을 덧셈식으로 표현해 보거나, 엄마가 덧셈식을 말하면 아이가 문장으로 바꾸어 표현하는 놀이를 자주 해 주세요. 이것은 단순히 기계적으로 더하기를 하는 것이 아니라, 의미를 알고 더하기를 할 수 있도록 도와 줍니다.

정답 및 지도서 C3

3주 더하기 9 : (1~9)+9

지도 방법

① 더하기 9의 계산 학습을 하기 전에 지금까지 학습한 더하기 1~8의 학습이 충분히 되었는지 확인해 봅니다.

② 더하기 9를 처음에 학습할 때에는 더해야 하는 수만큼 동그라미를 그려서 세어 보거나, 사탕이나 구슬 등의 구체물을 직접 세어 보는 활동을 통해 덧셈식에 익숙해지도록 합니다.

③ 계산이 어느 정도 익숙해지면 더하여 10이 되는 수(1과 9, 2와 8, 3과 7, 4와 6, 5와 5)를 활용하여 앞의 수를 가르거나 뒤의 수를 갈라서 10을 만들어 계산할 수 있도록 지도해 주세요.

④ 더하는 수나 계산 결과가 커져서 어려워할 수 있으므로 재미있고 흥미로운 학습이 되도록 지도해 주세요.

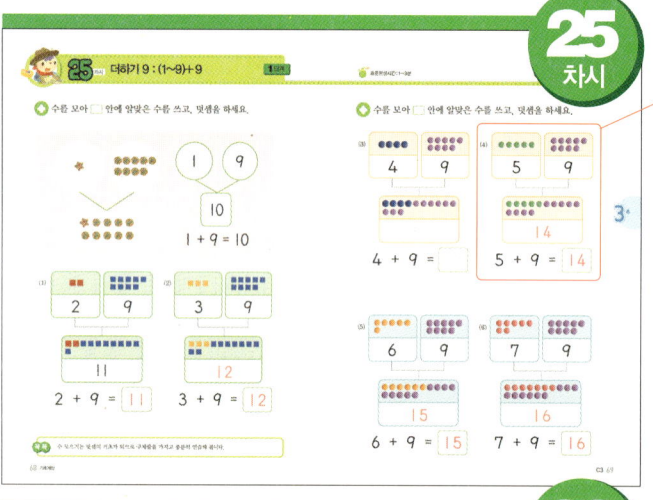

68~69쪽

초록색 구슬 5개와 보라색 구슬 9개를 모으면 모두 몇 개가 될까? 손으로 하나하나 짚어 가며 세어 볼까? 모두 14개구나.
이것을 덧셈식으로는 5+9=14라고 쓴단다.

70~71쪽

• 양쪽 블록이 모두 몇 개인지 세어 볼까?

• 블록 대신 동그라미를 그려가며 세어 봐도 문제를 쉽게 풀 수 있어.

72~73쪽

- 9를 10으로 만든 다음에 계산을 해 보자. 노란색 블록 9개 중에서 1개를 보라색 블록 쪽으로 주면 10개가 되지? 여기에 남은 블록 8개를 더하면 $10+8=18$이 되네.

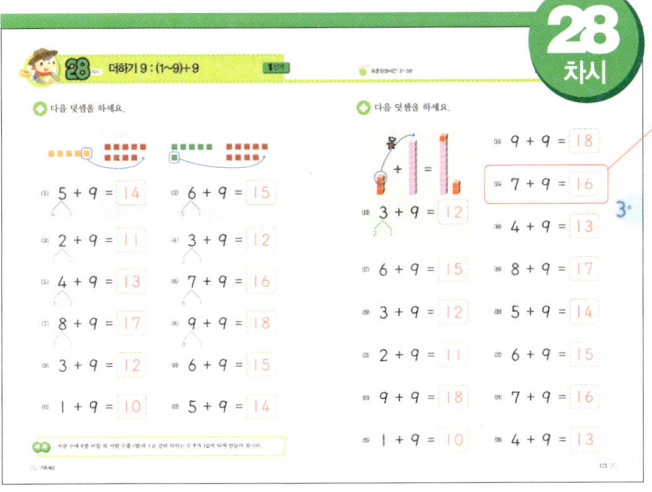

74~75쪽

- 앞의 수를 갈라서 뒤의 수를 10으로 만들어 보자. 7을 6과 1로 갈라 1을 9에 더해 주면 10. 여기에 6을 더하면 16이 돼.
- 이번에는 뒤의 수를 갈라서 계산을 해도 결과가 같은지 풀어 볼까?

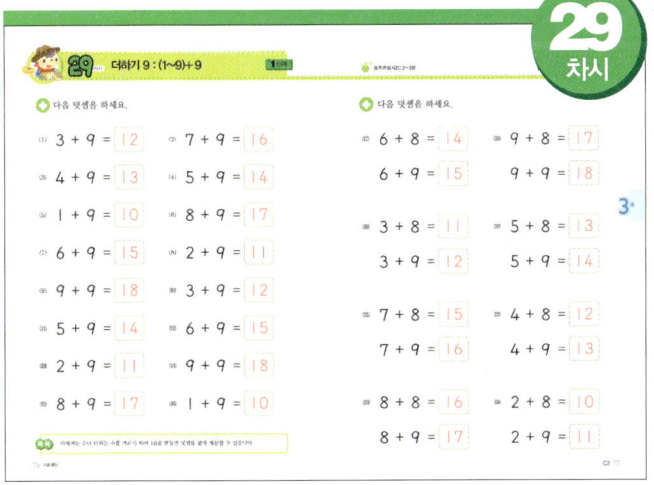

76~77쪽

- 우리 ○○가 하고 싶은 방법으로 덧셈을 해 보자. 더하는 수만큼 동그라미를 그려서 계산해도 되고, 앞의 수나 뒤의 수를 10으로 만든 다음에 계산을 해도 돼. 어떤 방법으로 하고 싶니?

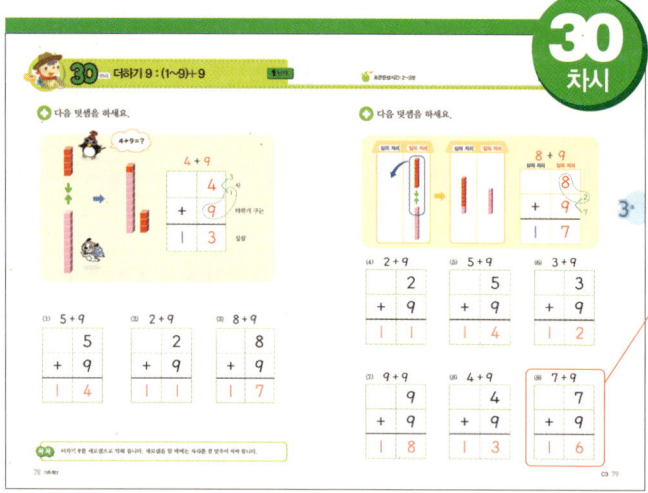

78~79쪽

- 일의 자리 숫자끼리 더해서 일의 자리에 내려 쓰고, 십의 자리 숫자는 십의 자리에 써야 돼.
- $7+9=16$에서 일의 자리 숫자 6은 일의 자리에, 십의 자리 숫자 1은 십의 자리에 써야 해.

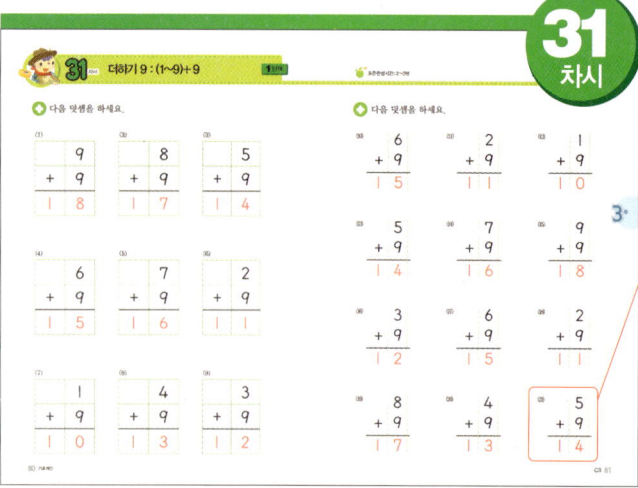

80~81쪽

- $5+9$를 계산해 볼까?
- 5를 갈라 계산을 해 볼까?

$$5+9=14 \qquad ❶ 1+9=10$$
$$4 \quad 1 \qquad\qquad ❷ 10+4=14$$

- 9를 갈라 계산을 해 볼까?

$$5+9=14 \qquad ❶ 5+5=10$$
$$5 \quad 4 \qquad\qquad ❷ 10+4=14$$

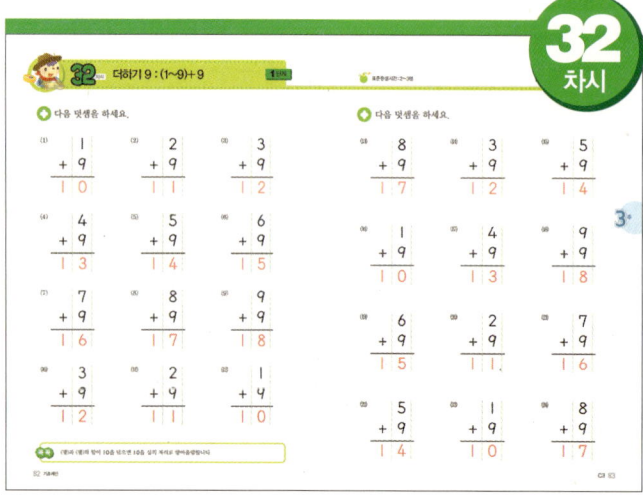

82~83쪽

머릿속으로 생각해서 계산해 볼까? 머릿속으로 동그라미를 그려서 세어 보거나 수를 갈라 더해 보는 거야. 어때? 네가 생각한 답이 맞았니?

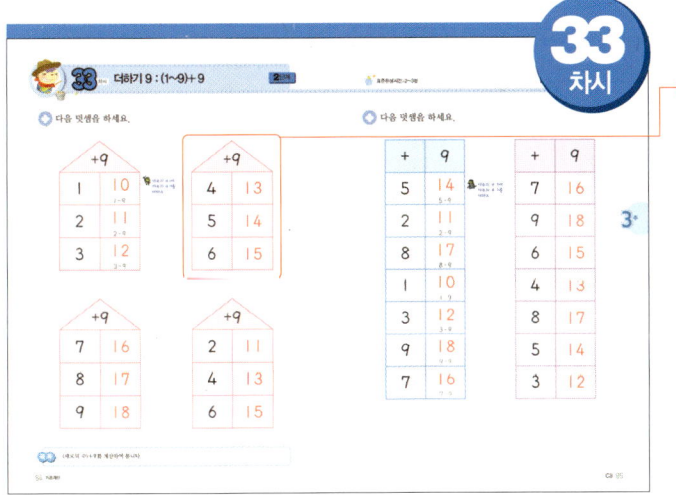

▶ 어떤 수에 지붕에 있는 수 9를 더해서 빈칸에 답을 쓰는 거야. 어떤 수가 1씩 커지니까 답도 1씩 커지겠지?

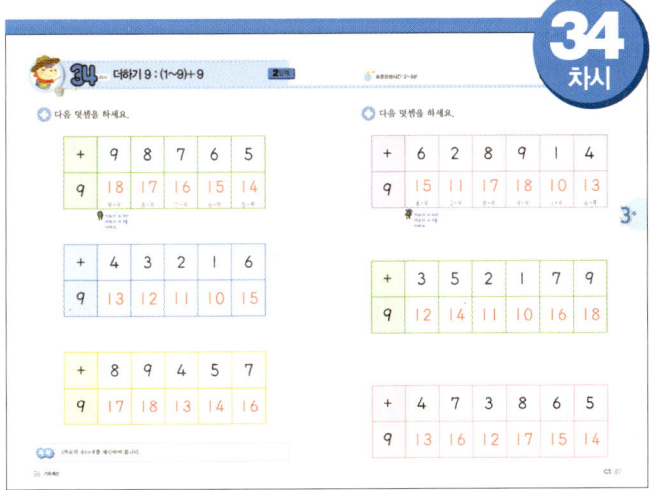

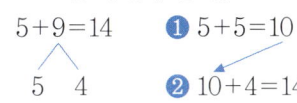

• 어떤 수에 9를 더하여 빈칸에 알맞게 써넣어 볼래?

• 수 가르기를 하여 10을 만들면 계산을 훨씬 쉽게 할 수 있어.

• 5+9를 계산해 볼까?

5+9=14   ❶ 5+5=10

5   4   ❷ 10+4=14

그림을 잘 살펴보자. 왼쪽과 오른쪽에 몇 개가 있니? 이것들을 합하면 몇 개가 될까? 이것을 덧셈식으로 나타낸 것을 찾아서 우리 ○○가 제일 좋아하는 색깔로 칠해 볼래?

90~91쪽

- 3에 어떤 수를 더해야 12가 될까? 동물을 세어 보며 알아보렴.

- 더하는 수가 같을 때는 더해지는 수가 클수록 가장 큰 덧셈이 된단다.

체크 포인트

❶ 더하기 9를 계산할 때, 가르기와 모으기를 활용하여 쉽게 풀 수 있도록, 더해서 10이 되는 수를 알아봅니다.

❷ 세로셈을 할 때에는 자릿수를 맞춰 계산하도록 합니다.

❸ 암산으로도 더하기 9의 계산이 익숙해지도록 필산이나 구두 테스트로 반복 학습합니다.

❹ 아이가 어려워하면 구체물로 충분히 연습하여 흥미를 느끼게 합니다.

4주 더하기 9 : (1~21)+9

지도 방법

1. 더하기 (1~21)+9를 학습하기 전에 더하기 9의 개념과 (1~9)+9의 계산 학습이 충분히 되어 있는지 확인하는 시간을 갖도록 합니다.

2. 처음에는 큰 수의 개념을 쉽게 이해하기 위해 구체물이나 그림을 이용해서 원리를 알 수 있도록 합니다.

3. 어떤 수를 두 수로 갈라서 10으로 만들 수 있는지 알아보고, (1~21)+9의 계산에도 수 가르기를 이용하여 풀 수 있도록 지도해 주세요.

4. 구체물을 세어 보거나 그림을 그리는 과정 없이 덧셈식만 보고도 쉽게 계산을 하기 위해서 10이나 20으로 만든 다음 남은 수를 더하는 방법을 충분히 익히도록 합니다.

96~97쪽

이번에는 동그라미를 그려서 알아보자. 엄마가 동그라미 16개를 미리 그려 놓았어. 이번에는 우리 ○○가 동그라미 9개를 그려 보자. 동그라미가 모두 몇 개가 되었니?

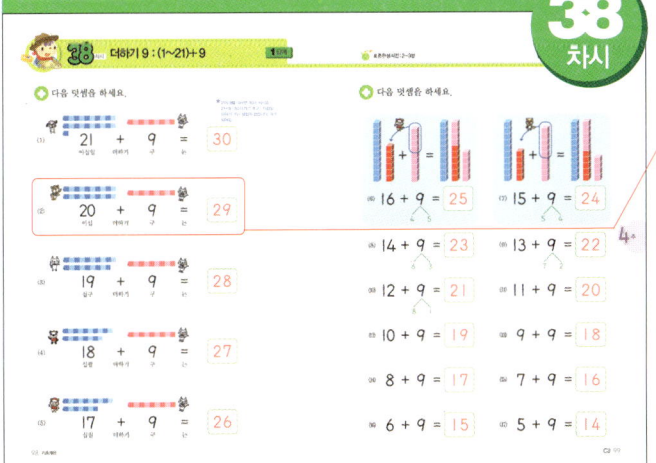

98~99쪽

블록 20개가 있어. 여기에 블록 9개를 더하면 모두 몇 개가 되겠니? 빈칸에 모두 몇 개인지 써 보고 큰 소리로 엄마랑 같이 읽어 보자.

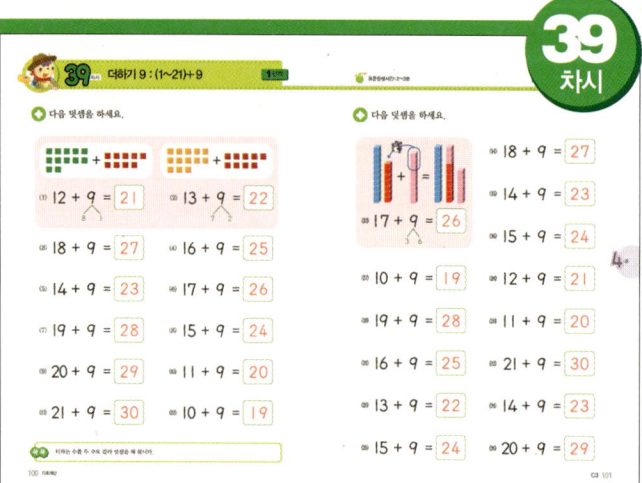

100~101쪽

- 어떤 수에 9를 더할 때 어떤 방법을 이용하면 쉽게 풀 수 있었니?

- 하나하나 개수를 세는 것보다 앞의 수나 뒤의 수를 갈라서 더하는 것이 훨씬 빨리 풀 수 있단다.

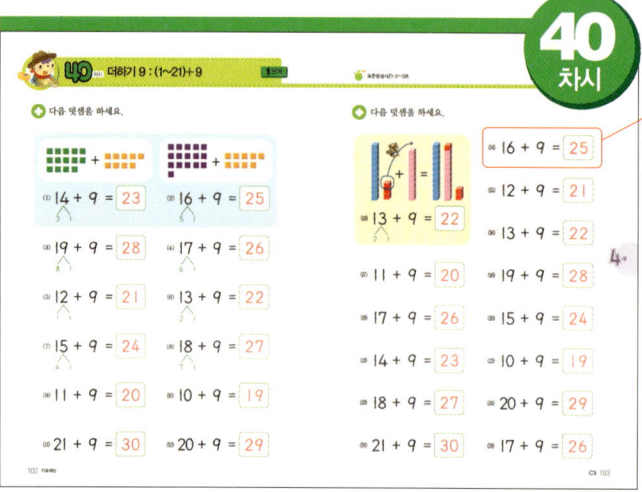

102~103쪽

- 16+9처럼 일의 자리 숫자끼리 더했을 때 10을 넘으면 어떻게 풀어야 할까? 더해지는 수 16의 일의 자리 숫자 6이 10이 되게 더하는 수 9를 4와 5로 갈라야 하겠지?

- 더하는 수 9를 4와 5로 갈라 더해지는 수 16에 4를 더해 20으로 만든 다음 나머지 5를 더해도 답은 같단다.

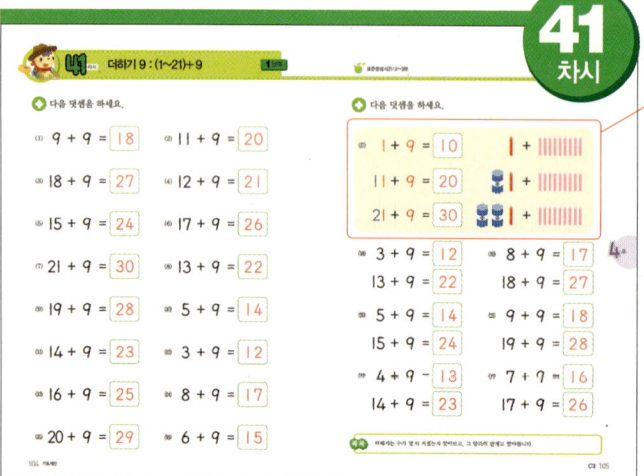

104~105쪽

- 1 더하기 9를 하면 10이고, 11 더하기 9를 하면? 그래 20이야. 어떤 규칙이 있는지 살펴볼까? 1보다 10 큰 수인 11에 똑같이 9를 더하니까 더해서 나온 수도 10이 더 큰 20이 나왔구나. 이제 규칙을 알았으니 다른 문제도 쉽게 풀 수 있겠지?

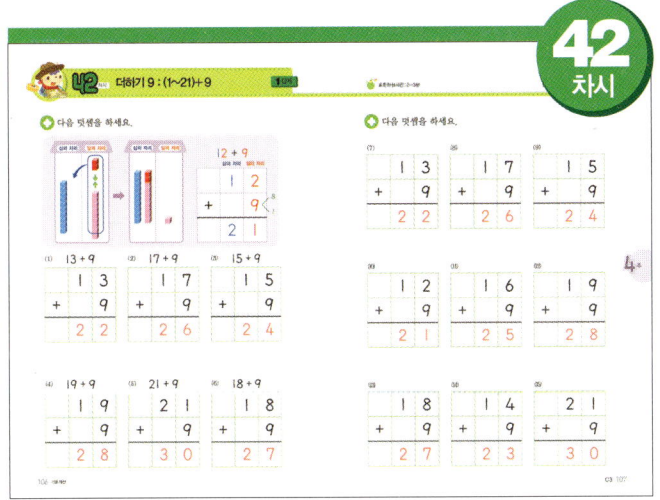

106~107쪽

세로셈을 할 때 중요한 것이 무엇이었는지 기억나니? 그래, 맞아. 자릿수를 잘 맞추어서 써야 해. 세로셈으로 하나씩 계산해 보자.

108~109쪽

블록을 이용해서 풀어 볼까? 14는 10개짜리 묶음 블록 1개와 낱개 블록 4개야. 낱개 블록 4개가 10개가 되게 9를 6과 3으로 가르는 거야. 그럼 10개짜리 묶음 블록이 2개니까 20. 여기에 낱개 블록이 3개 있으므로 20+3=23이야.

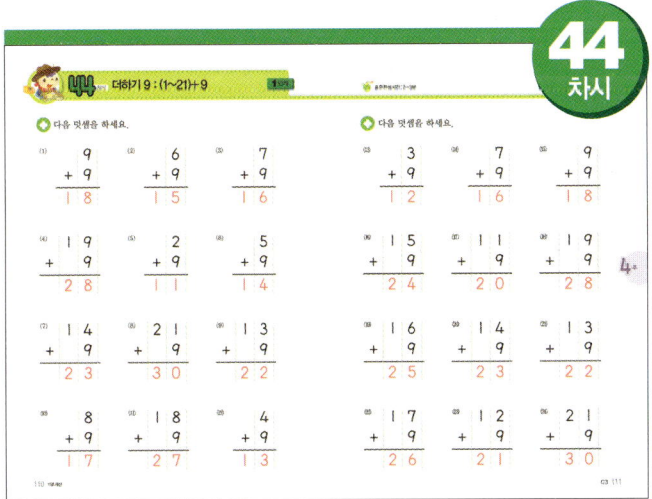

110~111쪽

지금까지 했던 덧셈 방법 중 어떤 방법으로 계산했을 때가 가장 쉬웠니? 네가 가장 쉽다고 생각하는 방법으로 덧셈을 해 보자.

112~113쪽

- 세로에 있는 수와 지붕에 있는 수를 더해서 빈칸에 답을 써 보자. 어디 한 번 해 볼까?
- 7+9를 계산해 볼까?

$$7+9=16$$
$$3 \quad 6$$

① $7+3=10$
② $10+6=16$

114~115쪽

숫자만 보고 답을 알 수 있는 것을 먼저 빈칸에 써 보자. 생각이 잘 나지 않는 것은 수를 가르기하면 훨씬 쉽게 풀 수 있어.

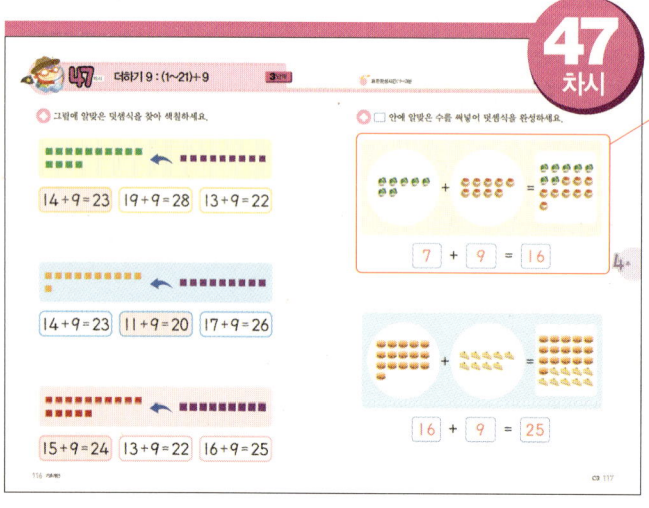

116~117쪽

그림의 개수를 세어서 아래에 있는 □ 안에 숫자를 써 보자. 왼쪽에 있는 그림의 개수는 더해지는 수, 오른쪽에 있는 그림의 개수는 더하는 수야.

가장 큰 수를 어떻게 찾을 수 있을까? 1에 9를 더한 것보다 2에 9를 더한 것이 크듯이 더해지는 수가 클수록 더 큰 덧셈이란다.

체크 포인트

❶ 더하기를 할 때에는 아이가 가장 쉽고 재미있게 할 수 있는 방법으로 답을 구할 수 있도록 배려해 주세요.

❷ 종합 문제를 풀면서 아이가 쉽게 풀지 못하는 부분은 다시 앞으로 되돌아가서 부족한 부분에 대한 보충 학습을 하도록 합니다.

❸ 매일 매일 학습 분량을 마친 후에 질문을 통하여 아이가 제대로 이해하고 있는지 확인하는 시간을 갖도록 합니다.

120~122쪽

계산을 할 때에는 빠르고 정확하게 푸는 것이 중요해. 자, 지금까지 배운 덧셈 방법들을 기억하면서 차근차근 풀어 보자.

종합 평가 ㉮

다음 계산을 하세요.

(1) 9 + 8 = 17 (2) 4 + 9 = 13 (25) 13 + 8 = 21 (26) 9 + 9 = 18

(3) 5 + 9 = 14 (4) 7 + 8 = 15 (27) 7 + 9 = 16 (28) 2 + 8 = 10

(5) 12 + 8 = 20 (6) 13 + 9 = 22 (29) 11 + 8 = 19 (30) 16 + 9 = 25

(7) 10 + 9 = 19 (8) 14 + 8 = 22 (31) 17 + 8 = 25 (32) 12 + 9 = 21

(9) 21 + 8 = 29 (10) 15 + 9 = 24 (33) 21 + 9 = 30 (34) 10 + 8 = 18

(11) 20 + 9 = 29 (12) 8 + 8 = 16 (35) 18 + 8 = 26 (36) 17 + 9 = 26

(13) 6 + 9 = 15 (14) 22 + 8 = 30 (37) 14 + 9 = 23 (38) 20 + 8 = 28

(15) 15 + 8 = 23 (16) 11 + 9 = 20 (39) 2 + 9 = 11 (40) 3 + 8 = 11

(41) 3 + 9 = 12 (42) 5 + 8 = 13

종합 평가 ㉯

```
(1)  1 6      (2)  1 3      (3)    1
   +   8        +   9        +   8
   ─────        ─────        ─────
     2 4          2 2            9

(4)  1 0      (5)  1 5      (6)  1 4
   +   8        +   9        +   8
   ─────        ─────        ─────
     1 8          2 4          2 2

(7)    4      (8)  1 9      (9)  2 0
   +   9        +   8        +   9
   ─────        ─────        ─────
     1 3          2 7          2 9

(10) 1 6      (11) 1 8      (12) 1 7
   +   9        +   8        +   8
   ─────        ─────        ─────
     2 5          2 6          2 5
```